SPORT ERNÄHRUNG PRAXISNAH

PROF. DR. MICHAEL HAMM
MARLIS WEBER

FOTOS
CHRIS MEIER

HÄDECKE VERLAG

ISBN 3-7750-0177-8

Fotos und Layout: Chris Meier, Stuttgart.

Printed in Germany.
Gesamtherstellung: Emil Bandell, Stuttgart, 1988.

INHALT

INHALT

PROF. DR. MICHAEL HAMM,

Jahrgang 1951, ist Ernährungswissenschaftler an der Fachhochschule Hamburg. Seine Arbeitsschwerpunkte und Lehrgebiete sind: Sporternährung, Ernährungsphysiologie, Ernährungsverhalten und Gesundheitserziehung.
Er ist als Referent und Buchautor tätig und ist Mitglied im Redaktionskollegium der Zeitschrift »Herz, Sport und Gesundheit« des Deutschen Verbandes für Gesundheitssport und Sporttherapie.
Prof. Hamm ist ferner Dozent für Sporternährung auf Fachseminaren des Deutschen Sportstudio Verbandes.
Er hat langjährige Erfahrungen in der Durchführung von Ernährungsseminaren mit Leistungs- und Breitensportlern sowie Koronarsportgruppen. Es besteht eine intensive Zusammenarbeit mit sportwissenschaftlichen Instituten verschiedener Universitäten und Hochschulen.
Eigene Sportaktivitäten: Langlauf und Schwimmen.

MARLIS WEBER-BUBLATH,

Jahrgang 1951, hat den Wert natürlicher, vollwertiger Ernährung bei ihrer klinischen Arbeit entdeckt. Die dort gesammelten Erfahrungen in der Ernährungsberatung erweitert sie seit 1971 in der Reformhaus-Fach-Akademie, deren stellvertretende Leiterin sie heute ist.
Was ihre Veröffentlichungen und die von ihr geleiteten Seminare so beliebt macht, ist der kulinarische Anspruch, der ihr besonders am Herzen liegt — verbunden mit ihrer fachlichen Kompetenz.
Sie veröffentlichte bereits mehrere erfolgreiche Vollwert-, Koch- und Backbücher und ist Mitglied des Arbeitskreises kulinarischer Fachjournalisten.
Wichtige weitere Buchveröffentlichungen: »Mit Vollkorn kochen«, »Naturküche«, »Vollwertküche für 1 Person«, »Vollwertig genießen«, »Gesund & fit mit frischen Säften«, »Alles Gute für Herz & Kreislauf«.
Zahlreiche Bücher der Autorin wurden ins Englische, Italienische, Schwedische, Holländische und Dänische übersetzt.

Die richtige Ernährung gibt dem Erfolg Nahrung. Wer über die Zusammenhänge zwischen Ernährung und Leistung und über die Bedeutung der einzelnen Nährstoffe Bescheid weiß, kann aktiv mitwirken, Ernährungsfehler im Sport zu vermeiden. Wissen kann aber auch helfen, die vielen propagierten Ernährungsempfehlungen und Geheimrezepte auf persönliche Tauglichkeit zu prüfen. Eines schickt sich bekanntlich nicht für alle. Auf die Theorie folgt die Praxis. Je nach Sportart und Sportphase bestehen unterschiedliche Ernährungserfordernisse. Ein Trimmsportler entwickelt andere Ernährungsbedürfnisse als ein Leistungssportler.

Richtige Sporternährung fängt bei der Lebensmittelwahl an. Deshalb müssen alle (theoretischen) Ernährungsempfehlungen (praxisnahe) Lebensmittelempfehlungen sein. Die kleine Lebensmittel-Warenkunde für Sportler schließt die oft vorhandene Lücke zwischen ernährungsmedizinischer Erkenntnis und ihrer praktischen Umsetzung in der täglichen Ernährung. Der Erfolg der 1. Auflage des vorliegenden Buches bestätigte diese Vorgehensweise. Es zeigte sich vor allem, daß der Wunsch besteht, das gewonnene Wissen in der Küche anzuwenden. Hierzu sind weitere Hilfen notwendig. Neben der Lebensmittelkenntnis bedarf es vollwertiger und beispielhafter Rezepte, die für jeden verständlich und machbar sind: keine starren Tagespläne und aufwendigen Spezialitäten, sondern Leitlinien und Anregungen für sportgerechte Mahlzeiten und Getränke.

»Sporternährung praxisnah« ist die aktuelle und erweiterte Neubearbeitung von »Richtig essen hilft gewinnen«. Mit Marlis Weber-Bublath konnte eine erfahrene Diätassistentin und erfolgreiche Vollwert-Kochbuchverfasserin als Mitautorin gewonnen werden, der es überzeugend gelingt, die Ernährung des Sportlers auf ein vollwertiges Fundament zu stellen und ihr auch kulinarisch den richtigen Weg zu weisen.

Prof. Dr. Michael Hamm
Hamburg im Frühjahr 1988

Die Zusammenhänge zwischen
Ernährung und Leistung.
Was bewirken Kohlenhydrate und Fette?
Eiweiß wofür und wann?
Die Schlüsselfunktionen der Vitamine.
Wasserhaushalt und Mineralstoffe.
Was man über die Verdauung und
eine optimale Verteilung der täglichen
Mahlzeiten wissen sollte.
Vollwerternährung im Sport.
Die Quintessenz: Richtig essen auf
einen Blick.

Gezielte Ernährungsmaßnahmen haben im Sport inzwischen ihren festen Platz. Es besteht kein Zweifel, daß die Ernährung vor allem auch im Sport ein wichtiger Gesundheits- und Erfolgsbaustein ist. Das Ziel eines jeden trainierenden Sportlers, seine Leistung zu verbessern, kann durch eine Abstimmung von Training und Ernährung erreicht werden.
Ganz wichtig wird die Ernährung in der Wettkampfsituation. Durch falsches Eß- und Trinkverhalten können die Erfolgsaussichten einer anstrengenden und gewissenhaften Trainingsvorbereitung erheblich geschmälert werden.
Für Fitneß- und Gesundheitssportler gilt nach wie vor: „Essen und trimmen, beides muß stimmen!". Schließlich kann man selbst feststellen: Sport und Spiel in der Freizeit machen mehr Spaß, wenn man auch ernährungsmäßig gut vorbereitet ist.
Zum richtigen Zeitpunkt das Richtige essen und trinken, heißt die Devise. Während unter den Zielsetzungen im Freizeit-, Gesundheits- und Fitneßsport im allgemeinen eine vollwertige gemischte Ernährung, gemäß den entsprechenden Empfehlungen der Deutschen Gesellschaft für Ernährung, in Frage kommt, werden die Ernährungsbedürfnisse im Leistungssport differenziert betrachtet und nach Sportart (z.B. Ausdauer- oder Kraftsport) und jeweiliger Sportphase (z.B. Training oder Wettkampf) ausgerichtet.
Ausschlaggebend für die Höhe des Energie- und Nährstoffbedarfs im konkreten Fall ist die tatsächlich erbrachte Leistung, die maßgeblich von Trainingszustand, -umfang, -intensität und -häufigkeit abhängig ist. Ein auf Höchstleistungen trainierender Athlet entwickelt andere Ernährungsbedürfnisse als ein Trimmsportler mit ein- bis zweimaligem Einsatz in der Woche.

BEDARF FÜR ERNÄHRUNGSBERATUNG

In vielen persönlichen Gesprächen und einer Reihe von Untersuchungen zum Ernährungsverhalten äußerten fast alle Sportler den Wunsch nach mehr praxisbezogener Information über eine sportgerechte Ernährung. Speziell interessiert, wie man sich auf einfache Weise vor (und während) einer sportlichen Aktion richtig ernährt.
Häufige Fragen, die Trimm- und Spitzensportler stellen, betreffen Flüssigkeitsbedarf und geeignete Getränke sowie die zeitliche Abstimmung von Nahrungsaufnahme und körperlicher Aktivität, aber auch die zusätzliche Verwendung von Nährstoffpräparaten.
Manchmal herrschen geradezu mystische Vorstellungen, was die Wirkung bestimmter Lebensmittel oder leistungssteigernder Präparate betrifft. Für manchen mag ja auch die Einnahme eines Konzentrates bequemer sein, als sich um eine vollwertige Ernährung zu kümmern.
Erfreulicherweise wird jedoch in zunehmendem Maße nach der Bedeutung von Vollwert-Ernährung und vegetarischen Ernährungsformen gefragt.
Die Ernährungsthematik steht bei Sportlern also hoch im Kurs. Doch die Praxis zeigt, daß bei vielen, ernsthaft an einer richtigen Ernährung Interessierten, die Voraussetzungen fehlen, wissenschaftliche Erkenntnisse in die eigene tägliche Ernährung umzusetzen. Ein Grund dafür, daß es vielen Sportlern trotz guten Willens schwerfällt, sich sportgerecht zu ernähren, besteht sicherlich im Mangel an genügend einfachen Hilfestellungen für die Ernährungspraxis. Oft hören wissenschaftliche Empfehlungen da auf, wo das konkrete persönli-

che Interesse des Sportlers an Ernährungsfragen beginnt. Ernährungsempfehlungen sind mitunter zu kurz gefaßt, vor allem, wenn gleichzeitige Informationen über die Eigenschaften verschiedener Lebensmittel fehlen. Wir benötigen zwar Proteine, Vitamine und Mineralstoffe, verzehrt aber werden Lebensmittel in Form von Speisen und Getränken.
Mit jedem Mehr an Lebensmittelwissen wächst die Chance, eine an den eigenen Ernährungsbedürfnissen orientierte Lebensmittelauswahl zu treffen.
Eines darf aber nicht übersehen werden: Essen und Trinken sind mehr als Energie- und Nährstoffaufnahme. In unseren Ernährungsgewohnheiten kommen persönliche Vorlieben und Abneigungen zum Ausdruck. Manche Menschen verbinden die Notwendigkeit der Nahrungsaufnahme mit Genuß und Kommunikation, mit Fest und Feier. Hier kommt es auf die richtige Abstimmung an. Andere machen sich nicht viele Gedanken zum Thema Ernährung. Oft bestimmt dann das Angebot oder der Zufall, was man ißt.
Die Ernährungsfehler eines Sportlers weichen sicher nicht weit von den „Ernährungssünden“ der meisten Mitbürger ab: Sie essen häufig zu viel, zu fett und zu süß. Eigene Ernährungserhebungen und die Auswertung von Ernährungsprotokollen vieler Sportler aus den unterschiedlichsten Disziplinen bestätigen folgende Ernährungsfehler, die laut Ernährungsbericht 1984 der Deutschen Gesellschaft für Ernährung für die gegenwärtige Ernährungssituation typisch sind:

- zu hoher Fettanteil innerhalb der täglichen Energiebereitstellung (ca. 40%)
- zu geringer Kohlenhydratanteil (ca. 40%), zudem noch ungünstig zusammengesetzt, d.h. zuviel „leere“ Süße und zu wenig „gehaltvolle“ Stärke.

Empfehlenswert sind dagegen nicht mehr als 30 Prozent Energie aus Fetten und deutlich mehr als 50 Prozent Energie aus Kohlenhydraten.
Richtige Ernährung ist aber nicht nur eine Frage der Energiebilanz und Kalorienprozente. Nicht selten weist die tägliche Kost des Sportlers Mängel an lebensnotwendigen Vitaminen und Mineralstoffen auf. So kann die Versorgung mit Vitaminfaktoren des B-Komplexes sowie mit Calcium, Magnesium und Eisen „kritisch“ sein.
Nichts motiviert so sehr wie der Erfolg. Richtig essen hilft gewinnen, denn vollwertige und bedarfsangepaßte Ernährung im Sport zielt ab auf:

- Sicherstellung aller ernährungsabhängigen Stoffwechselleistungen (u. a. Enzymaktivitäten, Nerven-, Muskel-, Herz-Kreislauf-Funktion)
- Schutz vor leistungsmindernden Mangelerscheinungen und Ausgleich von Nährstoff- bzw. Substanzverlusten
- Stabilisierung und Förderung der Abwehrkräfte, des Wohlbefindens und der Leistungsmotivation
- Leistungsgerechtes Körpergewicht
- Optimale, für die betreffende Sportart vorteilhafte Glykogenspeicherung
- Vermehrung der Muskelsubstanz im Krafttraining
- Kontrolle der Zufuhr stoffwechselbelastender Substanzen (Fette, Cholesterin, Purine = Harnsäurebilder)
- Förderung der Regeneration bzw. Wiederherstellungsprozesse; das gilt auch nach Unfällen und Verletzungen.

Dies macht deutlich, daß *richtige Ernährung und Training Partner im Sport sind.* Eines muß jedoch klar gesagt werden: Eine noch so gute Ernährung kann fehlendes Training nicht ersetzen!

GRUNDLAGEN DER ERNÄHRUNG

Die richtige Ernährung ist eine der Grundvoraussetzungen für Gesundheit und Wohlbefinden überhaupt. Sie dient der Aufrechterhaltung sämtlicher Lebensvorgänge.
„Richtig" bedeutet, daß die Ernährung *bedarfsangepaßt und vollwertig* sein soll.
Bedarfsangepaßt bezieht sich auf eine angemessene Energie- und Nährstoffzufuhr in bezug auf Alter, Geschlecht und Leistungen (Beruf, Freizeit, Sport), um eine ausgeglichene Energiebilanz zu gewährleisten und um Mangelsituationen auszuschließen.
Eine der wichtigsten Aufgaben der Ernährung besteht deshalb zunächst darin, dem Körper Energie zu liefern.
Auch in völliger Körperruhe benötigen wir Energie z.B. für die Atmungsvorgänge, die Aufrechterhaltung der Körpertemperatur und die Herz-Kreislauftätigkeit.
Diesen für die Erhaltung der Lebensvorgänge notwendigen Anteil nennen wir *Grundumsatz*.
Um diesen zu ermitteln, gilt als Faustregel:

Körpergewicht in kg × 4,2 kJ × 24
= täglicher Grundumsatz in kJ.

Bei Frauen liegt der Grundumsatz um ca. 10% niedriger als bei Männern!
Die Abkürzung kJ bedeutet Kilojoule und ist die neue Maßeinheit für Energie. Bisher sprach man von Kalorien.
Wenn man die herkömmlichen Einheiten Kilokalorien (kcal) in Kilojoule (kJ) umrechnen möchte, so gilt für die Ernährungspraxis folgender abgerundeter Umrechnungsfaktor:

1 kcal = 4,2 kJ

Die Energieträger unserer Nahrung weisen im einzelnen folgende Energiegehalte auf:

1 g Kohlenhydrate	17 kJ (4 kcal)
1 g Fett	38 kJ (9 kcal)
1 g Alkohol	30 kJ (7 kcal)
1 g Eiweiß	17 kJ (4 kcal)

Alles was der Körper über den Grundumsatz hinaus für berufliche, freizeitliche und sportliche Aktivitäten zusätzlich verbraucht, bezeichnet man als *Leistungsumsatz*.
Vollwertig bezieht sich auf die Zufuhr aller essentiellen (= lebensnotwendigen) Nährstoffe durch Lebensmittel in einer dem Bedarf (Zufuhrempfehlungen der Deutschen Gesellschaft für Ernährung) entsprechenden Höhe. Im einzelnen betrifft dies die Zufuhr:

- der 10 essentiellen Aminosäuren (Eiweißbausteine)
- der 2fach-ungesättigten Fettsäure (Linolsäure)
- der Vitamine
- der Mineralstoffe und Spurenelemente
- des Wassers.

Das menschliche Stoffwechselgeschehen läßt sich in zwei große Funktionsbereiche aufteilen: den Energie- und Baustoffwechsel.
Mit der Nahrung (= Gesamtheit der täglich verzehrten Speisen und Getränke) nehmen wir verschiedene Stoffe auf, die

- dem Körper Energie liefern,
- den Zellen als Aufbaustoffe dienen und
- diese Stoffwechselabläufe regeln sowie Schutzfunktionen ausüben.

Man nennt diese Substanzen Nährstoffe. Essentiell, d.h. lebensnotwendig und unbedingt mit der Nahrung aufzunehmen sind Vitamine, Mengen- und Spurenelemente, essentielle Aminosäuren (Eiweißbaustei-

ne) und Fettsäuren, Wasser, sowie natürlich Nahrungsenergie.
KOHLENHYDRATE (Stärke und Zukker) sowie FETTE decken vorrangig den leistungsabhängigen Energiebedarf.
PROTEINE (= Eiweiße) dienen hauptsächlich dem Aufbau und der Erhaltung von Körpersubstanzen und von Wirkstoffen wie Enzymen und bestimmten Hormonen.
Steuer-, Regler- und Schutzfunktionen sind verbunden mit einer optimalen Versorgung an VITAMINEN, MINERALSTOFFEN (Mengen- und Spurenelemente) sowie WASSER. Die Vitamine teilen wir in die wasserlöslichen Faktoren des Vitamin-B-Komplexes und C sowie in die fettlöslichen Vitamine A, D, E und K ein. Mengenelemente sind Calcium, Phosphat, Magnesium, Kalium, Natrium und Chlorid, die wichtigsten Spurenelemente Eisen, Jod und Zink.
BALLAST- und AROMASTOFFE — letztere sind keine Nährstoffe — fördern darüber hinaus bestimmte Funktionen im Bereich des Verdauungsstoffwechsels. Das Genußerlebnis beim Essen trägt nicht zuletzt ganz wesentlich zur Verträglichkeit (Bekömmlichkeit) einer Mahlzeit/Speise bei.
Eine appetitlich zubereitete Speise, in angenehmer Atmosphäre und in Ruhe verzehrt, ist z.B. eine wesentliche „Regenerationsmaßnahme“, wenn durch erschöpfendes Training oder einen entsprechenden Einsatz „verlorengegangene Kräfte“ zu ersetzen sind.
Nach einem „harten“ Einsatz muß die Speise so schmackhaft zubereitet werden, daß der Sportler wieder Appetit bekommt. Dazu tragen abwechslungsreiche Speiseplangestaltungen und ansprechend dargebotene Mahlzeiten gleichermaßen bei.
Dieser Appell ist besonders an die gerichtet, die für die Küche des Sportlers verantwortlich sind.

ENERGIESTOFFWECHSEL UND ENERGIEBEDARF

Körperliche Leistungen sind nur dann möglich, wenn ausreichend Energie zur Verfügung steht.
Die dem Sportler mögliche Arbeitsleistung ist von der Energiegewinnung aus der Nahrung und den körpereigenen Vorräten (Fette und Glykogen = tierische Stärke als Reservekohlenhydrat in Muskel und Leber) abhängig.
Der Abbau von Nährstoffen und die daraus resultierende Energiegewinnung ist ein stufenweiser Prozeß, der vorwiegend in den „Kraftwerken“ der Zellen, den Mitochondrien, stattfindet. Man vergleicht dieses System gern mit einem „Verbrennungsofen“, da dort die Nährstoffe mittels des eingeatmeten Luftsauerstoffs oxidiert (verbrannt) werden.
Dennoch ist dieser Vergleich nicht ganz korrekt. In lebenden Zellen wird die Verbrennungsenergie nicht wie im Ofen vollständig als Wärme freigesetzt, sondern zum Aufbau einer energiereichen Verbindung verwendet, und zwar einer energiereichen Phosphorverbindung — dem *ATP* (= Adenosintriphosphat). Man kann diese Verbindung auch als „Wechselgeld“ des biochemischen Stoffwechselbetriebes bezeichnen.
Dieses Energiespeichermolekül ist die überall gültige „Währung“, wo Energie benötigt wird.

ENERGIESTOFFWECHSEL UND ENERGIEBEDARF

Wer mehr leistet, muß mehr essen.

Die bei der Oxidation der Nährstoffe freiwerdende Energie wird also genutzt um ATP aufzubauen, während die bei der ATP-Aufspaltung freiwerdende Energie dazu dient, Arbeit zu leisten, z. B. bei der Muskelkontraktion.
ATP-Bildung und ATP-Verbrauch stehen also im Mittelpunkt des „Energiewechsels".

Auf Dauer kann der einzelne nur so viel an Arbeit leisten, wie er an Energie aufnimmt.

Bei energetisch unzureichender Ernährung werden die Körpervorräte angegriffen; es kommt zur Gewichtsabnahme. Übersteigt die Energieaufnahme allerdings den Energiebedarf, so kommt es zur Energiespeicherung in Form von Fettdepots, also zum Übergewicht.
In der Praxis gilt ein stabiles Körpergewichtals Indiz für einen guten Trainingszustand. Die regelmäßige Gewichtskontrolle unter jeweils gleichen Bedingungen, d.h. morgens nüchtern oder abends nach dem Sport, ist die einfachste Methode, um die Energiebilanz zu überwachen.
Gewichtstabellen geben Anhaltswerte über ein wünschenswertes Gewicht; vielfach ist jedoch für den Sportler das Gewicht als erstrebenswert anzusehen, bei dem er physisch und psychisch seine besten Leistungen bringt. Man bezeichnet dies als *Formgewicht.* Hierbei wird auch das Verhältnis von „aktiver" (Eiweiß) und „passiver" (Fett) Körpersubstanz berücksichtigt.
Als Richtwerte für den Energieumsatz pro Tag im Leistungssport findet man Zahlen zwischen 14 700 kJ bzw. 3500 kcal und 21 250 kJ bzw. 5000 kcal. Diese Werte gelten unter den Bedingungen des heute üblichen Trainings.
Die Grenze für einen Gesamtenergieumsatz, den man auf Dauer leisten kann, liegt wahrscheinlich bei 20 160 kJ bzw. 4800 kcal pro Tag. Die Grenze liegt auch darin begründet, daß mit normaler Ernährung auf Dauer kaum mehr als 20 160 kJ bzw. 4800 kcal pro Tag an Nährstoffen aus den Nahrungsmitteln bereitgestellt werden können. Zur Deckung sehr hoher Energiebedarfsmengen sind sehr große Nahrungsmengen notwendig, und das bedeutet zwangsläufig eine erhöhte Belastung des Magen-Darm-Traktes.
Extreme Leistungsanforderungen bei Spitzensportlern bedingen Höchstwerte im Energieumsatz. An Wettkampftagen verbrauchen z. B. Radsportler (Straße und bei 6-Tage-Radrennen) und Rennruderer zwischen 29 750 kJ bzw. 7000 kcal und 34 000 kJ bzw. 8000 kcal pro Tag.
Diese angegebenen Werte beziehen sich wohlgemerkt auf zeitlich begrenzte Anforderungen im Spitzensport.
Bei geringeren Anforderungen müssen die Energiebedarfssätze entsprechend reduziert werden. So reicht die Breite der Energieverbrauchsangaben für einen Spielsportler z. B. von ca. 3800 bis ca. 5800 kcal. Ein Spieler der Bundesliga wird durchschnittlich also mehr essen müssen als ein Spieler der unteren Spielklasse.

Der Richtwert für den Energiebedarf eines Erwachsenen beträgt bei leichter körperlicher Arbeit für einen Mann ca. 2600 kcal bzw. 10 900 kJ und für eine Frau ca. 2200 kcal bzw. 9200 kJ.

Zu diesem Bedarf sind je nach Art, Intensität und Umfang der sportlichen Leistung die **„Sportkalorien"** hinzuzuzählen. So erhöhen 30 Minuten Schwimmen oder Dauerlauf diesen Bedarf auf max. 3000 kcal beim Mann bzw. max. 2600 kcal bei der Frau.

Orientierungswerte für sportliche Aktivitäten

Wer seinen persönlichen Energieumsatz im Sport *annähernd* einschätzen möchte, kann dies mit Hilfe der Orientierungswerte aus der nebenstehenden Übersicht tun. Sie zeigt, wieviel kcal bzw. kJ *pro Minute* einer sportlichen Aktivität durchschnittlich umgesetzt werden:

* *Quellen:* Spitzer-Hettinger, Tafeln für den Kalorienumsatz bei körperlicher Arbeit, Sonderheft Refa-Nachrichten, Darmstadt 1969. — Kraut, H. (Hrsg.), Der Nahrungsbedarf des Menschen, 1. Bd., Darmstadt 1981. — Biener, K., Sport und Ernährung, Derendingen 1976.

ENERGIEUMSÄTZE FÜR SPORTLICHE AKTIVITÄTEN*

Tätigkeit	kcal/min.	kJ/min.
Laufen 9 km/h	10,0	41,9
12 km/h	11,4	47,7
15 km/h	13,1	54,8
Radfahren	8,0	37,6
Gymnastik (Kräftigungsübungen)	5,0	20,9
Tennis	10,4	43,5
Volleyball	7,3	30,6
Fußballspiel	13,1	54,8
Basketball	16,2	67,9
Eishockey (ohne Pausen auf der Spielbank)	22,4	93,8
Klettern	13,0	54,6
Skilanglauf	13,0	54,6
Schwimmen, Brust	11,0	46,2

ENERGIE AUS KOHLENHYDRATEN UND FETTEN

Kohlenhydrate als »Muskelbenzin«.
Fette als Energiespeicher –
aber nur im richtigen Maß.
Wovon braucht der Körper mehr?
Was bringt »schnelle« Energie?
Zucker ist nicht gleich Zucker.

Für höhere Belastbarkeit im Ausdauertest

Unsere Energie beziehen wir in erster Linie aus den Nährstoffen KOHLENHYDRATE und FETTE.
Den jeweiligen Anteil an der Energiebereitstellung bestimmt die Intensität, mit der wir eine körperliche Tätigkeit ausüben. Kommt es bei Dauerleistungen vor allem darauf an, eine möglichst große Strecke zurückzulegen, wobei die Zeit bzw. Geschwindigkeit nicht die entscheidende Rolle spielt (z.B. beim Gehen), dann gewinnt der Organismus die Energie vorwiegend aus dem *Nährstoff Fett.*
In jedem Fall aber ist auch eine bestimmte Menge an *Kohlenhydraten* beteiligt, da der Energiestoffwechsel so geschaltet ist, daß eine reine Fettverbrennung gar nicht möglich ist.

KOHLENHYDRATE

Im sportlichen Wettkampf kommt es jedoch gerade darauf an, eine Strecke möglichst schnell zurückzulegen bzw. sich möglichst intensiv an einem Spiel zu beteiligen. Dann sind die Verhältnisse umgekehrt, und die *Kohlenhydrate sind das eigentliche „Muskelbenzin"!*
Die Energiebereitstellung ist nämlich aus Kohlenhydraten am schnellsten möglich, d.h. Leistungsspitzen werden immer durch Energiegewinnung aus dieser Nährstoffgruppe bestritten. Dabei kommt dem in der Muskulatur und in der Leber gespeicherten Reservekohlenhydrat „Glykogen" zentrale Bedeutung zu. Vor allem die Menge des im Muskel mobilisierbaren Glykogens ist im Ausdauersport ohne Zweifel ausschlaggebend für das Leistungsvermögen, besonders bei entscheidenden Belastungsspitzen wie z. B. Spurts. Im Spielsport ermöglicht es eine intensivere Spielbeteiligung in der zweiten Spielhälfte.
Das der Arbeitsmuskulatur zur Verfügung stehende Glykogen wird bei Körperarbeit direkt zur Energiegewinnung abgebaut.

Kohlenhydratreiche Kost erhöht den Glykogengehalt im Muskel und damit die Belastbarkeit im Ausdauertest.

Folgende Ergebnisse belegen das sehr eindrucksvoll:

KOSTFORM UND LEISTUNG

Kostform	Glykogengehalt/100 g Muskelsubstanz	Maximale Arbeitszeit am Fahrradergometer
kohlenhydratreich	3,51 g	167 min.
gemischt	1,75 g	114 min.
fett- und eiweißreich	0,63 g	57 min.

Werte nach Bergström, Hultmann, Celegowa (modifiziert)

Sind die verfügbaren Kohlenhydratvorräte weitgehend aufgebraucht, kann quasi nur mit „halber Kraft" weitergearbeitet werden, da der nun verstärkt einsetzende Fettabbau in der gleichen Zeit weniger Energie bereitstellt.
Eine völlige Erschöpfung der Kohlenhydrate würde automatisch zum Abbruch jeder Leistung zwingen. Man muß nur an das im Sport gelegentlich auftretende Symptom des „Hungerastes" denken.

KOHLENHYDRATE

Das „Muskelbenzin"

Plötzlich auftretendes Hungergefühl, Schwindel, Übelkeit, Kraftlosigkeit und Schwarzwerden vor den Augen sowie Schweißausbrüche sind vielen Ausdauersportlern bekannt.

Physiologisch sind diese Anzeichen erklärbar mit einem Blut-Glucose-(= Zucker-) mangel des Gehirns und Nervensystems. Normalerweise sorgt das Leberglykogen für einen ständigen Nachschub an Blutzukker. Eine Störung dieses Regelmechanismus kann von Trainingszustand, Überbeanspruchung und Fehlregulationen abhängig sein. Begegnen kann man erfahrungsgemäß diesem Symptom beim Ankündigen seiner ersten Anzeichen durch kleine Gaben schnell verfügbarer Zuckerstoffe.

Wir müssen *Muskelglykogen* und *Leberglykogen* deutlich in ihren Funktionen unterscheiden:

1. Die im Blut erforderliche Glucosemenge wird laufend aus dem Leberglykogen reguliert. Besonders das Gehirn ist von einer ständigen Glucosezufuhr über das Blut abhängig. Dies ist für die Konzentrationsfähigkeit im Sport wichtig!
2. Auch die Muskulatur kann dem Blut einen Teil der Blutglucose bei Belastungen entnehmen. Dies ist aber nur ein Teil der im Muskel verbrauchten Glucose. *Der größte Teil entstammt den muskeleigenen Glykogenreserven.*

Damit soll eine zu starke Erschöpfung des Leberglykogens vermieden werden.

Wichtig im Sport ist vor allem, daß sich das Muskelglykogen bereits dort befindet, wo es gebraucht wird, also in der Muskelzelle. Im übrigen kann der Muskel *nur seine eigenen Vorräte* an Glykogen zur Energiegewinnung heranziehen und nicht etwa das Glykogen entfernter Muskelpartien, die momentan gar nicht beansprucht werden.

Für Sportler, die die Glykogenspeicher tatsächlich nutzen — in der Regel Ausdauer- und Spielsportler —, ist deshalb die Ernährung kohlenhydratreich zu gestalten. Dabei ist es bedeutsam zu wissen, daß der betreffende Muskel, z. B. die Beinmuskulatur des Radfahrers, Langläufers oder Fußballers am besten Glykogen speichern kann, wenn sie zuvor erschöpfend belastet wurde.

Durch erschöpfendes Training werden Enzymsysteme aktiviert. Die im Anschluß an eine Belastung gegebenen Zuckerstoffe aus Lebensmitteln werden vermehrt, da jetzt zudem ein gewisser „Sogeffekt" besteht, in der Arbeitsmuskulatur angereichert. Dieser Effekt wird in der Sportwissenschaft als „Superkompensation" bezeichnet; die Erforschung dieser Zusammenhänge zwischen Training und Ernährung gehen u. a. auf schwedische Sportwissenschaftler wie Astrand, Hultmann, Bergström und Saltin zurück.

In das Trainingsprogramm integrierte Kohlenhydraternährung kann so die physiologischen Ausdauerreserven erhöhen.

Es ist somit angebracht, dem Organismus in der Phase nach Belastungen reichlich Kohlenhydrate in leicht resorbierbarer Form anzubieten.

Dafür eignen sich:

- Fruchtsäfte mit Honig,
- Fruchtsuppen und Kaltschalen,
- Honigkuchen mit gesüßtem Tee,
- Fruchtschnitten und Kekse.

Keul und Kindermann weisen darauf hin, daß für die Praxis der Ernährung von Ausdauersportlern gefordert werden muß, ca. *60% des gesamten täglichen Energiebedarfs* in Form von Kohlenhydraten aufzunehmen. Das entspricht bei ca. 3000 kcal bzw. 12 600 kJ einem Kohlenhydratanteil von 1800 kcal bzw. 7560 kJ oder umgerechnet von 450 g Kohlenhydraten. Grundsätzlich sollte deshalb nach jedem Ausdauertraining eine kohlenhydratreiche Mahlzeit mit ca. 100 g Kohlenhydraten gegeben werden. Diese könnte sich folgendermaßen zusammensetzen:

1 Portion Reis (Vollkorn) (kann ausgetauscht werden gegen ca. 200 g Kartoffeln oder gegen ca. 60 g Vollkorn-Nudeln)	(50 g)	Kohlenhydrate ca. 38 g
1 Portion Erbsen u. Möhren	(200 g)	ca. 24 g
1 Portion Hühnerfrikasse	(150 g)	ca. 11 g
1 Portion Pudding mit Sanddorndicksaft oder Fruchtsalat	(150 g)	ca. 23 g
1 Glas Apfelsaft mit Mineralwasser gemischt (1:1)	(200 ml)	ca. 12 g
INSGESAMT:		ca. 108 g

Dieses Beispiel verdeutlicht als eine von vielen Möglichkeiten, wie ca. 100 g Kohlenhydrate in Form einer Mahlzeit „aussehen" können, und daß es mit den richtigen Beilagen auch unschwer ist, diese Menge zu erreichen.
Unter der Zielsetzung „Kohlenhydratbetonung" werden also die Beilagen zu den eigentlichen Hauptbestandteilen einer Mahlzeit.
Für eine völlige Regenerierung erschöpfter Glykogenreserven braucht der Sportler auch bei kohlenhydratreicher Kost ca. zwei Tage. Deshalb sollte wenigstens 24 Stunden vor einem entscheidenden Wettkampf (Fußballspiel, Radrennen, Tennisturnier etc.) nicht mehr intensiv trainiert werden, da sonst die Glykogenreserven nicht mehr maximal aufgefüllt werden können.
Häufig wiederkehrende Belastungen bei ungenügender Kohlenhydrataufnahme führen zu einer schleichenden Glykogenverarmung und damit zum Zustand des „Übertrainings".

Für die körperlich nicht Aktiven bedeutet eine kohlenhydratreiche Kost (vor allem mit viel Zucker, süßen Getränken und Süßigkeiten) allerdings einen Energieüberschuß („Kohlenhydratmast"), der zu meist ungewollten Fettpolstern führt.

WAS VERBIRGT SICH HINTER DEM BEGRIFF KOHLENHYDRATE?

Hinter diesem Sammelbegriff verbergen sich eine Anzahl meist besser bekannter Stoffe wie: Traubenzucker (Glucose), Fruchtzucker (Fructose), Invertzucker (im Honig), Haushaltszucker (Saccharose), Malzzucker (Maltose), Milchzucker (Lactose) und Stärke; außerdem die sogenannten Ballaststoffe (Zellulose, Pektin u.a.).
Wenngleich — wie aus nebenstehender Tabelle ersichtlich — dem Sportler eine Menge verschiedener kohlenhydratreicher Lebensmittel zur Verfügung stehen, so ist es doch keinesfalls gleichgültig, welche er vor einem Spiel oder Wettkampf bevorzugt. Denn in ihrer Stoffwechselwirkung unterscheiden sich die verschiedenen Zuckerstoffe beträchtlich. Entscheidend dabei ist, wie schnell sie ins Blut gelangen. Man spricht in diesem Zusammenhang von Zuckerstoffen, die ins Blut „schießen", während andere ins Blut „fließen". Wieso eigentlich? Ob man nun Brot, Haferflocken, Grieß, Reis, Kartoffeln, Honig oder eine Süßigkeit verzehrt, die in diesen Nahrungsprodukten enthaltenen Kohlenhydrate müssen erst durch bestimmte Enzyme „verdaut", d.h. in ihre kleinsten Einheiten, die Einfachzucker, überführt werden, bevor sie energiemäßig

Unterschiedliche Verwertbarkeit

NAHRUNGS-KOHLENHYDRATE UND IHRE VERWERTBARKEIT

Kohlenhydratarten	dazu zählen	sind enthalten in	Verwertbarkeit
Einfachzucker oder Monosaccharide	Glucose Fructose Galactose	Honig, Früchten, Getränken, Süßwaren, Milch, Präparaten	sog. Kohlenhydrate mit schnell verfügbare Zucker Ausnahme: Milchzucker!
Zweifachzucker oder Disaccharide	Rüben- oder Rohrzucker Invertzucker Malzzucker Milchzucker	Haushaltszucker, Marmeladen, Süßigkeiten, Limonadengetränken Honig Malzbier Milch	
Mehrfachzucker oder Oligosaccharide	Zuckergemisch Dextrine	Sportler-Energiegetränken, Toast, Knäckebrot, Zwieback	Langzeitwirkung
Vielfachzucker oder Polysaccharide	Stärke Glykogen	Kartoffeln, Getreideflocken, Müslis, Brot, Nudeln, Bananen Leber	verdauliche = energieliefernde Nahrungskohlenhydrate
	Cellulose Hemicellulose Pektin	Ballaststoffen aus Getreiderandschichten (Kleie), Obst und Gemüsen	unverdauliche Kohlenhydrate

nutzbar sind. Das gilt auch für den normalen Haushaltszucker, der in dieser Form nicht vom Organismus zu verwerten ist; er wird zuvor durch die entsprechenden Verdauungsenzyme in einen Teil Glucose und einen Teil Fructose gespalten.

Eine Ausnahme bildet der reine Traubenzucker, der, nachdem er vom Darm aufgenommen wurde, sofort ins Blut übertreten kann und somit eine rasche Energiezufuhr bewirkt.

Werden nun „schneller" verfügbare Zuckerstoffe, die sich vornehmlich in Süßigkeiten und Limonadengetränken befinden, vor allem aber reiner Traubenzucker im Übermaß und zum falschen Zeitpunkt vor einem Wettkampf genossen, kann sich dies nachteilig auswirken. Nach anfänglich überhöhten Blutzuckerwerten und dem damit verbundenen erhöhten Insulinausstoß führt dies dann später möglicherweise zu einer Absenkung des Blutzuckerspiegels. Daraus können Leistungsabfall, Konzentrationsmangel, Müdigkeit sowie Hunger und Durst resultieren. Im Grunde genommen kommt es beim Thema „Zucker" auf die richtige Verpackung bzw. Kombination an, d.h. in welcher Form und im Verbund mit welchen Nährstoffen der Zucker im Lebensmittel bzw. in einer Speise vorliegt.

Kohlenhydrate in komplexer Form, wie sie als Stärke in natürlicher Weise in Getreideerzeugnissen, Teigwaren und Kartoffeln vorkommen, sorgen aufgrund ihres langsamen, nämlich stufenweisen Abbaus im Verdauungstrakt für eine gleichbleibende, lang-

Kohlenhydrate halten lange vor.

anhaltende Energiebereitstellung. Man kann vereinfacht sagen, diese Kohlenhydrate halten lange vor.
Besonders vorteilhaft erweist sich die in Vollkorngetreideerzeugnissen „verpackte“ Form der Stärke. Die Getreidestärke ist praktisch von einer Hülle aus Eiweiß-, Fett- und Ballaststoffen umgeben bzw. von diesen Substanzen begleitet. Der Zucker wird daher aus diesem natürlich vorliegenden Verbund entsprechend langsam vom Verdauungstrakt in den Blutkreislauf aufgenommen.
Günstiger als die Gabe isolierter Zucker wirkt sich auch die Kombination schneller verfügbarer Kohlenhydratspender mit ballaststoff- und/oder fetthaltigen Lebensmitteln aus, beispielsweise:

- Obst mit Vollkornflocken,
- Honig oder Marmelade auf Vollkornbrot,
- Trockenfrüchte mit Nüssen oder Sonnenblumenkernen,
- Fruchtsaft mit leicht löslichen Haferflokken.

Die Auswahlmöglichkeiten für Nahrungskohlenhydrate sind vielfältig: Brote, Haferflocken, Reis, Teigwaren, Kartoffeln, Müslis, Kekse, Zwieback, Bananen, Trockenfrüchte, Obst, Konfitüren, Fruchtsäfte, Honig, Gemüse (Karotten, Erbsen), Fruchtschnitten, Zucker und spezielle Nährstoffpräparate.
Bei Getreideprodukten sollten stets die aus dem vollen Korn (auch feingemahlen) bevorzugt werden. So wird quasi kostenlos das für den Energiestoffwechsel wichtige Vitamin B_1 sowie das für die Glykogenspeicherung notwendige Kalium mitgeliefert. Diesen Vorteil haben Traubenzucker, Süßigkeiten und Limonaden nicht!
Kohlenhydratreiche Lebensmittel gelten mit Ausnahme von Hülsenfrüchten (Bohnen, Erbsen und Linsen) sowie frischem und grobem Brot als leicht verdaulich.
Positive Erfahrungen mit kohlenhydratbetonter Kost bestehen bei Ausdauer- und Spielsport, aber auch bei Bergwandern und Bergsteigen. Es hat sich beispielsweise gezeigt, daß in hohen Lagen ein großes Bedürfnis nach Kohlenhydratkost besteht. Bei dem in höheren Lagen verringerten Sauerstoffangebot bevorzugt der Organismus die ökonomisch günstigere Energiequelle: Kohlenhydrate. Es empfiehlt sich auch, zum Aufwerten von Teegetränken spezielle Elektrolyt- (= Mineralstoff-) Mischungen mit geeigneten Kohlenhydratmischungen mitzunehmen. Darüber hinaus sind Fruchtschnitten, Müsliriegel, Trockenobst und Fertigmüslis als Proviant für derartige Touren vorteilhaft.
Proviant für längere Wanderungen, Skiwanderungen, Berg-, Rad- und Segeltouren:

- Teegetränke in einer Thermosflasche,
- Obst- und Gemüsesäfte, zu Hause abgefüllt in kleine Plastikflaschen,
- Äpfel, Bananen, feste Tomaten,
- Vollkornbrot in Scheiben und in Alufolie verpackt: Knäckebrot, Früchtebrot, Zwieback, Kekse, Vollkornkekse,
- Trockenobst,
- Fruchtschnitten und Müsliriegel.

FETTE

Wenn von Fett die Rede ist, denken die meisten in erster Linie an die im Haushalt in vielfältiger Form (als Brotaufstrich, zum Kochen, Backen oder Braten) verwendeten Nahrungsfette Butter, Margarine, Speck,

Schmalz und Öl, weniger an das in vielen Nahrungsprodukten „versteckt“ vorkommende Fett (beispielsweise in Wurst, Käse, Gebäck, Süßwaren und Knabbereien (Nüsse, Chips etc.).
Unser Gaumen empfindet Fette (sofern nicht im Übermaß vorhanden) in Wurst, Käse, Sahnetorten etc. als angenehm, und so manche Speisen der ‚guten Küche‘ und die deftige Hausmannskost erhalten erst durch Zugabe von Fett (Butter zu Gemüsen, Sahne zu Soßen, Speck im Eintopf) ihren guten Geschmack, weil sich in dieser Substanz viele Duft- und Geschmacksstoffe entfalten. Soviel zu den sichtbaren und in Lebensmitteln verarbeiteten Fetten.
Nahrungsfette sind Energielieferanten und Träger der fettlöslichen Vitamine A, D und E sowie der lebensnotwendigen mehrfach ungesättigten Fettsäuren.
Der Körper speichert Energie in Form des sog. Depotfetts. Bei längerandauernden Belastungen muß der Organismus auch auf seine Fettreserven zurückgreifen. Ausdauertrainierte verbessern dabei im besonderen Maße die Fähigkeit, Fette als zweite Energiequelle zu nutzen. Dadurch können sie während ihrer Ausdauerleistung die „knapperen“ Glykogenreserven der Muskulatur schonen, zum Beispiel für einen Zwischen- oder Endspurt.
Diese Tatsache darf aber keinesfalls als Appell für eine fettbetonte Ernährung verstanden werden. Das richtige Maß für die Höhe der Fettzufuhr im Ausdauer- und Spielsport beträgt 25—30% des täglichen Energiebedarfs.
Eine allzu fettreiche Kost mindert dagegen die vorteilhafte Glykogenspeicherung und das Leistungsvermögen (vgl. S. 20f.). Je höher nämlich die Belastungsintensität ist, desto größer ist der Kohlenhydratanteil an der Energiebereitstellung und desto geringer die anteilige Energiegewinnung aus Fettsäuren. Die Begründungen dafür sind bekannt:

1. Fette werden langsamer „verstoffwechselt“ als Kohlenhydrate, d.h. in chemische Energie überführt. Man sagt: die sog. energetische Flußrate — darunter ist die Schnelligkeit der Energiefreisetzung pro Zeiteinheit zu verstehen — ist beim Abbau von Fetten nur halb so hoch wie bei Kohlenhydraten.
2. Fette benötigen im Energiegewinnungsprozeß mehr Sauerstoff als Kohlenhydrate. Die Energieausbeute, d.h. der ATP-Gewinn ist, bezogen auf den verbrauchten Sauerstoff, beim Abbau von Fetten geringer als bei Kohlenhydraten.
3. Nicht die Fette, wohl aber die Kohlenhydrate können auch ohne Sauerstoff kurzfristig Energie liefern. Dabei kommt es zur Milchsäurebildung.

Schnelles Tempo und Spurts erfordern schnell ablaufende Energiegewinnungsprozesse und eine ökonomische Sauerstoffverwertung. Dazu können nur Kohlenhydrate beitragen, was ihre Bedeutung für Leistungsspitzen einmal mehr unterstreicht.
Doch auch dies gilt es vor jedem sportlichen Einsatz zu berücksichtigen: Fette werden langsamer „verdaut“! Aus diesem Grunde weist Fett gegenüber den anderen Nahrungssubstanzen den höchsten Sättigungswert auf, und darum fühlt man sich nach einer fettreichen Mahlzeit so richtig satt. Dies erklärt uns zugleich, warum fettreiche Nahrungsprodukte bzw. fettreich zubereitete Speisen im allgemeinen länger als andere im Magen verweilen (siehe Kapitel Verweildauer von Speisen im Magen, Seite 38).
Sicherlich ist es manchmal im Sport nicht zu umgehen, relativ fettreich zu essen — dann, wenn es gilt, einen besonders hohen Energiebedarf zu decken. In dieser Situation hilft

der Nährstoff Fett aufgrund seines hohen Energiegehalts, den gewünschten Energiewert der Kost zu erreichen und dabei das Gesamtvolumen der Nahrung möglichst gering zu halten. Doch nur unter solchen Umständen ist eine vorübergehend vermehrte Fettaufnahme vertretbar. Der Kreis der Sportler, die dies betrifft, ist allerdings im Vergleich zu der Vielzahl der Sporttreibenden verschwindend gering. Für die vielen anderen heißt jedoch der Grundsatz: Mäßiger Fettverzehr vor sportlichen Leistungen! Wie man ohne große geschmackliche Opfer bewußt versteckte Fette sparen kann, zeigt folgende Gegenüberstellung:

BEISPIELE FÜR FETTEINSPARUNG

Lebensmittel	Fett in g
Trinkmilch ½ l fettarme Milch	18 → 8
Käse 50% F. i. Tr. 50 g Käse 30% F. i. Tr.	17 → 8
Cervelatwurst 30 g Corned-beef	13 → 2
Schweinenacken 100 g Schweineschnitzel (mager)	32 → 8
1 Ei 100 g Magerquark mit Kräutern	6 → 1
SUMME PRO TAG:	86 → 27

BAUSTOFFWECHSEL UND PROTEINE (EIWEISSE)

Der Baustoffwechsel umfaßt alle Vorgänge, die mit dem Aufbau von Körpergeweben zusammenhängen. Deutlich wird dies in der Wachstumsphase von Kindern.

Beim Erwachsenen müssen ständig verbrauchte Zellen durch neu gebildete ersetzt werden. Man bezeichnet diesen Vorgang als Erhaltungsstoffwechsel, wo laufend abgebautes Gewebseiweiß erneuert werden muß.

Deutlich mehr Eiweiß — bedingt durch besondere Anforderungen an den Baustoffwechsel — benötigt der Körper in der Aufbauphase nach überstandenen längeren Erkrankungen (z.B. Muskelschwund nach verletzungsbedingter Trainingspause) und in der *Phase des Muskelzuwachses im Krafttraining.* Schon die Athleten der Antike verbanden — allerdings recht bildhaft — die Vorstellung von Körperkraft mit dem Verzehr reichlicher, proteinreicher Fleischportionen.

Der wissenschaftliche Zusammenhang besteht in der Tatsache, daß Baustoffe sämtlicher Körperzellen PROTEINE bzw. EIWEISSSTOFFE der Nahrung sind.

Die angemessene Eiweißzufuhr des Sportlers ist seit jeher ein viel diskutiertes Problem. Hier werden mitunter gegensätzliche Ansichten vertreten, wobei jedoch der Eiweißbedarf in Abhängigkeit der jeweiligen Sportart gesehen werden muß. Die Nutzung einer allgemein „leistungsstimulierenden" Wirkung des Nahrungseiweißes ist für alle Sporttreibenden von Bedeutung.

Nach Donath und Schüler hat der Gewinn an wichtigen Muskelproteinen, an Enzymen und bestimmten Hormonen für den Trainingseffekt eine wesentliche Bedeutung.

Bei Mangel an Nahrungseiweiß treten dagegen u. a. folgende Nachteile auf:
- Verminderte körperliche und geistige Leistungsfähigkeit,
- unzureichende Körperproteinbildung,
- abnehmende Enzymaktivitäten in den Mitochondrien (den „Kraftwerken" der Zellen),
- mangelnde Infektabwehr,
- sinkender Gehalt an Atmungsenzymen in der Muskulatur.

Zur Erklärung muß gesagt werden, daß Enzyme Reaktionsvermittler des menschlichen Stoffwechselgeschehens sind und aus Eiweißstoffen aufgebaut sind.

Ohne Enzyme würden im Körper keine Reaktionen ablaufen.

Enzyme bewirken z. B. einerseits die „Verdauung" von Nahrung zu Nährstoffen oder andererseits die Energiegewinnung aus Glucose (Traubenzucker) mittels Sauerstoff in der Muskelzelle.

Durch einen Eiweißmangel sind deshalb auch die von Enzymen gesteuerten Energiegewinnungsprozesse in der Zelle beeinträchtigt. So wird auch verständlich, daß ein Langläufer als Ausdauersportler im Vergleich zum Nichtsportler einen höheren Eiweißbedarf hat und nicht nur der Krafttraining betreibende Gewichtheber (vgl. die Zufuhrempfehlungen für Eiweiß in Abhängigkeit von den Sportarten).

Als Energiequelle selbst spielt Eiweiß allerdings nur eine untergeordnete Rolle.

Vermehrt geschieht dies nur bei Mangel an anderen Energiequellen wie z. B. Kohlenhydraten infolge falsch zusammengestellter Kostformen oder kohlenhydratfreier bzw. -armer Reduktionsdiäten (z. B. Atkins-Diät), die für den Sporttreibenden in jedem Fall unzweckmäßig sind.

Demgemäß haben Nahrungskohlenhydrate einen „eiweißsparenden" Effekt. Sie sorgen dafür, daß der „teure" Nährstoff Eiweiß nicht unnötig, bzw. vorschnell „verheizt" wird.

Eiweiß hat wichtigere Funktionen im Stoffwechsel als die der Energiebereitstellung bei Belastungen.

Eine „Eiweißmast" besonders unter Wettkampfbedingungen und bei Ausdaueraktionen ist für den Sportler nicht sinnvoll, da zuviel Nahrungseiweiß unökonomisch verwertet wird.

Eine reichliche Fleischportion bringt einen schnell zum Schwitzen, da ein Teil des Energiewertes von Nahrungseiweiß in Form von gesteigerter Wärmeabgabe (als sog. spezifisch dynamische Wirkung bezeichnet) verlorengeht.

Allein schon deswegen können Steaks (Eiweißnahrung) keine Energiekost für die Vorbereitung einer Ausdauerleistung sein! Eine kleinere, leicht verdauliche Fleisch- oder Fischportion mit entsprechenden kohlenhydratreichen Beilagen — ca. 3 Stunden vor einer Dauerleistung verzehrt — sättigt dagegen anhaltend und sorgt für ein „angenehmes" Gefühl im Magen.

Welche Empfehlungen werden für die Eiweißzufuhr bei unterschiedlichen Leistungsanforderungen gegeben?

Während man für die tägliche Ernährung des Erwachsenen Bedarfsempfehlungen zwischen 0,8—1,0 g Protein pro kg Körpergewicht angibt, gelten für den Sportler höhere Werte:

	Protein/kg Körpergewicht
Erwachsener, Nichtsportler	0,8—1,0 g
Ausdauersportler	1,2—1,5 g
Schnellkraftsportler	1,5—1,7 g
Kraftsportler	1,5—2,0 g
Kraftsportler während des Krafttrainings	2,0—3,0 g

Wie kann aber ein Sportler diese wissenschaftlichen Kennzahlen in die tägliche Ernährungspraxis umsetzen?
Ein Spielsportler (z.B. ein Tennisspieler) mit 70 kg Körpergewicht hat z.B. einen Bedarf von 1,5 g Eiweiß pro kg Körpergewicht, also 105 g Eiweiß pro Tag. Er könnte diese empfohlene Menge folgendermaßen decken:

BEISPIEL FÜR EINE TAGESKOST-ZUSAMMENSTELLUNG ZUR DECKUNG DES EIWEISSBEDARFES

		Protein
½ l	Frischmilch	ca. 17 g
200 g	Fruchtquark	ca. 16 g
1	Frühstücksei	ca. 7 g
50 g	Gouda (45% Fett i. Tr.)	ca. 13 g
200 g	Vollkornbrot	ca. 14 g
50 g	Haferflocken	ca. 7 g
200 g	Kartoffeln	ca. 6 g
150 g	frische Erbsen, gekocht	ca. 8 g
150 g	Schnitzel	ca. 21 g
100 g	Obstsalat mit 1 Eßlöffel geraspelten Haselnüssen oder Weizenkeimen	ca. 3 g
TAGESSUMME:		ca. 112 g

Die einzelnen Lebensmittel können beliebig auf die verschiedenen Tagesmahlzeiten verteilt werden.
Die Tageskost-Zusammenstellung macht deutlich, worauf es in der Praxis ankommt: Informationen über Zufuhrempfehlungen für Nährstoffe müssen begleitet sein von *Beispielen,* die ganz konkret aufzeigen, wie eine solche Empfehlung in der praktischen Ernährung realisiert werden kann, und die schließlich beweisen, daß in der Regel auch ein erhöhter Bedarf mit der „normalen“ Kost gedeckt werden kann!
In diesem Zusammenhang stellen sich folgende Fragen:

- Welche Lebensmittel sind zur Eiweißbedarfsdeckung geeignet?
- Welche Wertigkeiten haben die Eiweiße in den einzelnen Lebensmitteln?
- Wann sind Eiweißkonzentrate sinnvoll?

Die Beantwortung der Frage, wann ein Lebensmittel als eiweißreich einzuordnen ist, kann so pauschal nicht gegeben werden. Fragt man Sportler nach eiweißreichen Lebensmitteln, so werden nahezu immer Fleisch, Fisch, Eier, Milch, Wurst und Käse genannt.
Abgesehen von manchen Käsesorten und Wurstarten, die mehr versteckte Fette (und Wasser) als Eiweiß enthalten, sind diese Nennungen auch richtig.
So haben Magerquark, mageres Fleisch und Fisch z.B. Eiweißgehalte, die im Bereich von 17—21 g pro 100 g Lebensmittel liegen. Wenn man aber daran denkt, daß andere Lebensmittel pflanzlicher Herkunft wie z.B. Brot und Kartoffeln in Mengen von 200—300 g täglich verzehrt werden, so können auch diese bei geringer Eiweißkonzentration einen zufriedenstellenden Beitrag zur Versorgung leisten.
5 Scheiben Brot à 40 g liefern insgesamt ca. 14 g Eiweiß und 200 g Kartoffeln ca. 4 g Eiweiß in einer biologisch besonders hochwertigen Form.
Nicht allein die absolute Menge an Eiweiß in einem Lebensmittel ist für die Beurteilung entscheidend, sondern auch in welchen Mengen dieses Lebensmittel tatsächlich verzehrt wird. Bei den Verzehrsgewohnheiten in den westlichen Ländern wird der tägliche Eiweißbedarf in der Regel zufriedenstellend durch ein Gemisch tierischer und pflanzlicher Lebensmittel, allgemein als Mischkost bezeichnet, gedeckt.
Es herrscht vielfach noch die Vorstellung — gerade auch unter Sportlern immer noch wie bei den Athleten der Antike —, daß Ei-

weiß nur mit tierischen Lebensmitteln ausreichend aufgenommen werden kann.
Diese Wertschätzung tierischer Eiweißträger beruht auf der herkömmlichen Aufstellung sog. biologischer Wertigkeiten für verschiedene einzelne Nahrungsproteine. Die biologische Wertigkeit gibt in Gramm die Menge Körpereiweiß an, die durch 100 g des betreffenden Nahrungsproteins aufgebaut werden kann.
Die Kennziffer 88 für Milcheiweiß bedeutet beispielsweise, daß 100 g Milcheiweiß 88 g Körpereiweiß aufbauen können.
Um 88 g Körpereiweiß zu bilden, müßte man ca. 2,6 l Vollmilch trinken (Vollmilch hat einen Eiweißgehalt von 35 g pro Liter). Natürlich ist das nur ein Berechnungsbeispiel und keine Empfehlung, da niemand seinen Eiweißbedarf nur mit einem Lebensmittel decken wird.
Wir hatten bereits festgestellt, daß Körpereiweiß aus Bausteinen (Aminosäuren) des Nahrungseiweißes aufgebaut wird. Für den biologischen Bauplan von Körpereiweißen ist es zweckmäßig, wenn die Verteilung der Eiweißbausteine im Nahrungsmittel mit dem Muster der Eiweißbausteine des Körpereiweißes weitgehend übereinstimmt.
Dabei sind viele tierische Proteine dem menschlichen ähnlicher. Unter praktischen Erwägungen ist — wie gesagt — zu berücksichtigen, daß sich wohl niemand ausschließlich von einem Nahrungsprotein ernährt.
Treffen in den einzelnen Mahlzeiten unterschiedliche proteinhaltige Lebensmittel zusammen, so ergänzen sie sich in ihrer biologischen Wertigkeit, d.h. im Muster ihrer Aminosäuren. Ein Nahrungsprotein kann eventuell Bausteinmängel eines anderen ausgleichen.
Mahlzeiten, die sowohl tierische als auch pflanzliche Eiweiße enthalten, haben aus diesem Grund zumeist einen hohen biologischen Wert.
So ergeben Mischungen von Nahrungseiweißen aus Kartoffeln mit Ei oder aus Milch mit Getreideerzeugnissen biologische Wertigkeiten, die weitaus über der des Fleischproteins liegen!
Als besonders vorteilhaft können die Proteinmischungen z.B. in Kartoffelpüree oder Nudeln mit Spiegelei oder Haferflocken mit Milch oder Vollkornbrot mit Käse angesehen werden.

Man muß also nicht jeden Tag ein Stück Fleisch „verbraten", um gut mit Eiweiß versorgt zu sein!

Für die Belange von Ausdauersportlern sind in der Regel die Eiweißgehalte und die Qualität der Eiweißmischung in der täglichen Kost zur Bedarfsdeckung voll ausreichend. Dennoch wird von Sportlern oft nach Eiweißkonzentraten gefragt, z.B. um das Nahrungsvolumen und die Belastung mit Fett gering zu halten.
Zunächst sollen Möglichkeiten beschrieben werden, einen erhöhten Eiweißbedarf im Training preisgünstig und hochwertig zu ergänzen.
In der Praxis hat es sich als akzeptabel erwiesen, wenn der Basisbedarf von ca. 1,0 bis 1,5 g Protein pro kg Körpergewicht aus der gemischten Kost stammt, und dann je nach Bedarf der zusätzliche Anteil in Form von Zulagen eiweißreicher Nahrungsergänzungsprodukte und/oder Eiweißkonzentratnahrung erfolgt.
Diese proteinreichen Ergänzungen sollen so beschaffen sein, daß der Sporttreibende nicht mit Fetten, Purinen (Harnsäurebildnern) und Cholesterin belastet wird, die vielfach als „unerwünschte Eiweißbegleitstoffe" in Lebensmitteln (z.B. Eiern, Fleisch und Wurstwaren) vorkommen.

Was man über Eiweißträger in der Sporternährung wissen sollte, lesen Sie ab Seite 26.

Diese Anforderungen erfüllen neben dem *Magerquark* in geeigneter Weise Eiweißpräparate, die dann entsprechend mit Milch, Buttermilch und/oder Fruchtsäften angerührt und geschmacklich abgerundet werden können.

GEEIGNETE UND PREISWERTE EIWEISSTRÄGER ZUR ERGÄNZUNG UND AUFWERTUNG DER TÄGLICHEN KOST

Lebensmittel	Eiweiß in g	Fett in g	Kohlenhydr. in g	Energie kcal	Energie kJ
100 g Magerquark	17	1	+	80	340
100 g Magermilchpulver*	35	1	52	370	1554
100 g Sojamehl, fettarm	50	7	17	330	1400
100 g Hefeflocken**	45	7	36	387	1643
100 g Weizenkeime	28	9	50	350	1447
Zum Vergleich: 100 g Eiweißkonzentrat (85-%ig)	85	1,5	2	374	1571
25 g des Eiweißkonzentrates in 100 ml Fruchtsaft	20	0,4	12,5	134	563

* Wegen des Milchzuckeranteils reichen ca. 50-60 g zur täglichen Eiweißergänzung aus.

** Weizenkeime und Hefen sind außerdem reich an den für Sportler wichtigen Mineralstoffen (Elektrolyten) Kalium, Magnesium, Phosphor und den Vitaminen des B-Komplexes. Von Trockenhefen sollten nicht mehr als 2 Eßl. (ca. 15-20 g) in der täglichen Kost verwendet werden. Diese Menge deckt auch bereits den Tagesbedarf an dem wichtigen Vitamin B_1.

VITAMINE ALS STEUER- UND REGLERSTOFFE

Trotz einer kalorisch ausreichenden Nahrungsaufnahme kann es aufgrund unserer heutigen Ernährungsgewohnheiten — beim überwiegenden Verzehr „nährstoffarmer" Lebensmittel — zu bestimmten „Versorgungslücken" kommen.
Bei denjenigen Sportlern, die auf längere Sicht zu wenig an bestimmten Vitaminen (und Mineralstoffen) über die Nahrung aufnehmen, kann dies zu einem für sie unerklärbaren Leistungsabfall führen. Dieser äußert sich z. B. in vorzeitiger Ermüdbarkeit bzw. Konzentrationsmangel oder Koordinationsstörungen.
Vitamine sind für unser körperliches Wohlbefinden und unsere Leistungsfähigkeit zwar nur in „kleinsten" Mengen notwendig, aber dennoch sind sie *nicht* entbehrlich. Unser Organismus kann die meisten nicht selbst aufbauen.

Ohne Vitamine läuft nichts!

Als Bestandteil von Enzymen (körpereigenen Katalysatoren) fungieren sie einerseits im Energiestoffwechsel als „Zündstoffe", andererseits bewirken sie materielle Umsetzungen im Baustoffwechsel unseres Körpers.
Welche Vitamine mit zentralen Stoffwechselvorgängen verknüpft sind, zeigt die nebenstehende Darstellung. Sie macht auch die *Schlüsselfunktionen* bestimmter im Sport wichtiger Vitamine deutlich.
Wer Krafttraining betreibt, benötigt — wie wir inzwischen wissen — mehr Eiweiß. An der Eiweißverwertung in der Zelle ist aber das Vitamin B_6 beteiligt, denn es spielt als Coenzym beim Auf-, Um- und Abbau von

DER EINFLUSS EINIGER VITAMINE AUF DEN STOFFWECHSEL

Vitamine **B_6** B_{12} A	**Vitamine** **B_1** Niacin	**Vitamine** B_2 Niacin E
⇩	⇩	⇩
Eiweiß-stoffwechsel	Kohlenhydrat-stoffwechsel	Fett-stoffwechsel

nach Ketz, H.-A., Die Ernährung des gesunden Menschen, 3. Auflage, Berlin 1979

Eiweißbausteinen eine zentrale Rolle. So ist leicht verständlich, daß eine gesteigerte Proteinzufuhr mit der Nahrung zu einem erhöhten Vitamin B_6-Bedarf führt.
Mit steigendem Energieumsatz nimmt der Bedarf an den Vitaminen zu, die mit dem Energiestoffwechsel direkt oder indirekt verknüpft sind. Dies betrifft im Sport hauptsächlich das Vitamin B_1 sowie in geringerem Maße das Vitamin B_2 und das Niacin. Vitamin B_1 ist „Zündstoff" beim Kohlenhydratabbau! Es greift aber auch über den Abbau bestimmter Endprodukte in den Aminosäure- und Fettstoffwechsel ein. Folglich: Je höher der Kohlenhydratumsatz (-bedarf) ist, desto mehr Thiamin ist nötig! Nur bei genügendem Vorrat ist ein reibungsloser Kohlenhydratstoffwechsel (sprich eine optimale Energiebereitstellung aus Kohlenhydraten bzw. dem Muskelglykogen) gewährleistet, selbst wenn zuvor kohlenhydratreich gegessen wurde. Es ist demnach ratsam, vor dem Sport möglichst solche Lebensmittel zu wählen, die gleichzeitig Kohlenhydrate und Vitamin B_1 liefern. Bei unzureichender Zufuhr von Vitamin B_1 sinkt zunächst dessen Gehalt im Muskel, was sich hemmend auf den Energiegewinnungsprozeß aus Kohlenhydraten auswirkt.
Unser Körper ist zwar in der Lage, dieses Vitamin in gewissem Umfang zu speichern, um vorübergehende Versorgungsengpässe zu überbrücken. Doch solche Engpässe können im Sport schneller auftreten.
Da die Möglichkeit der Vitamin B_1-Bevorratung begrenzt ist, wird man leicht einsehen, daß eine einseitige Kost aus überwiegend „leeren" Energieträgern weder den akuten Bedarf decken kann, geschweige denn Vorräte schaffen könnte!
Andererseits ist eine über den Bedarf hinausgehende Vitaminzufuhr (Überdosierung) nutzlos, da sie keine Leistungssteigerung bringt, allenfalls einen Placebo-Effekt. Aus diesem Grunde sollte man, wenn gelegentlich über Wunderwirkungen von Vitaminen und Mineralstoffen berichtet wird, diesen Aussagen gegenüber kritisch sein. Nur wenn zuvor ein Mangel bestand, ist eine Leistungsverbesserung möglich. Diese Überlegungen schließen nicht aus, daß der Bedarf eines Leistungssportlers an Vitaminen im Vergleich zu einem Nicht-Sportler höher ist.

Welche Konsequenzen hat das für die Ernährung?
In der praktischen Ernährung erfordern die einzelnen Vitamine unterschiedliche Beachtung. Die meisten von ihnen sind in den natürlichen, pflanzlichen und tierischen Lebensmitteln weit verbreitet, so daß beim Verzehr einer gemischten Kost im allgemeinen eine ausreichende Versorgung erfolgt.

Schwitzen bedeutet zunächst Wasserverlust!

Dagegen stehen sie uns in vielen verarbeiteten Nahrungsprodukten — den Erzeugnissen aus hellen Mehlen, im polierten Reis sowie in Süßigkeiten und in Limonadengetränken — nicht in genügender Menge zur Verfügung. (Näheres dazu im Lebensmittelteil!)
Echte Mangelsituationen wie typische Krankheitsbilder durch vollständiges Fehlen eines Vitamins sind heute zwar äußerst selten; viel eher schon ist heutzutage eine unzureichende Versorgung, d. h. ein latenter (verborgener) Mangel bei einem bevorzugten Verzehr „nährstoffarmer" Lebensmittel zu beobachten. „Kritisch" bei vorgenannter Ernährungsweise wird dann die Versorgungslage hinsichtlich der Vitamine B_1 (Thiamin) und B_6 (Pyridoxin) aber auch, und das sei an dieser Stelle erwähnt, für die Mineralstoffe Calcium und Eisen.
In der täglichen Ernährung muß daher jeder seine Aufmerksamkeit auf die „kritischen" Nährstoffe, d.h. auf die vorher genannten Vitamine und Mineralstoffe konzentrieren (vgl. dazu Nährstoffdichten-Tabelle auf Seite 64 und 65).

Vernünftig ernähren heißt die Devise!

Also: weniger Weißbrot, Kuchen, Süßigkeiten, fettreiche Lebensmittel, stark gezukkerte Getränke und hochprozentige Alkoholika!
In unserer Nahrung sind es vor allem drei Quellen, die den Hauptanteil an Vitamin B_1 bereitstellen: **Vollkornerzeugnisse, Kartoffeln, Fleisch.** Vitamin B_6 ist in Getreiden, Milch, Eiern und Fleisch enthalten.

WASSERHAUSHALT UND MINERALSTOFFE

Wer Sport treibt, schwitzt viel. Schwitzen ist ein notwendiger Selbstschutzmechanismus, um einem Wärmestau im Körper vorzubeugen. Das bei diesem Regulationsvorgang dem Organismus *entzogene* Wasser (Schweiß) verdampft auf der Haut und entzieht so die bei intensiver Körperarbeit zusätzlich anfallende Wärme.
Gleichermaßen erfolgt, aufgrund der bei der sportlichen Aktivität verstärkt einsetzenden (Aus-)Atmung, eine vermehrte Wasserabgabe über die Atemluft (an kalten Tagen besonders deutlich erkennbar), was besonders in Höhenlagen und somit beim Skifahren und Bergsteigen vorrangig zu berücksichtigen ist.
Der *scheinbare* Gewichtsverlust nach sportlichen Aktionen ist demnach in Wirklichkeit hauptsächlich ein Wasserverlust (!), dessen Höhe wiederum abhängt

1. von der Dauer,
2. von der Intensität, mit der man die jeweilige Sportart ausübt,
3. von den äußeren klimatischen Verhältnissen.

Ungefähr läßt sich dieser Verlust von jedem auf einfache Weise ermitteln: Man stellt sich (unmittelbar) vor und nach dem Sport auf die Waage!
Richtwert: Allgemein ist bei intensiver körperlicher Arbeit im gemäßigten Klima ein Wasserverlust von 1—1½ Liter pro Stunde anzunehmen.

Es zeugt keineswegs im Sport von „eiserner Härte", wenn man im Verlaufe eines schweißtreibenden Matches, eines Langlaufes oder einer anstrengenden Bergtour aufs Trinken verzichtet.

Wasser hat im Organismus weitere wichtige Funktionen

Wie persönliche Gespräche und Untersuchungen im Fußball-, Handball-, Tennis- und Rudersport erkennen ließen, ist dies durchaus noch häufig der Fall. Völlig unzureichend ist es, in der Pause bzw. zwischendurch lediglich den Mund mit Wasser auszuspülen. Ausdauersportler, die dererlei praktizieren, behindern dadurch in der Endphase eines Wettkampfes die volle Entfaltung ihrer Leistungsfähigkeit, weil sie dabei *die ebenso wichtige* Funktion des Wassers als Lösungs- und Transportmittel übersehen. Denn:

1. Alle lebenswichtigen Stoffwechselfunktionen sind, vereinfacht ausgedrückt, an bestimmte Bedingungen (ein spezifisches Konzentrationsgefüge) und einen *annähernd* normalen Wasserhaushalt im Gewebe gebunden. Je höher die Stoffwechselleistung einer Zelle, desto höher ist ihr Wassergehalt bzw. -bedarf. Bereits ‚kleine' Änderungen im Wasserhaushalt führen zu Störungen im Stoffwechselablauf.
2. Erfolgt nicht rechtzeitig zumindest ein teilweiser Ersatz, wird das Blut regelrecht „eingedickt", zumal bei körperlicher Belastung ein Einstrom von Wasser in die Muskelzellen erfolgt und sich dadurch der Flüssigkeitsentzug aus dem Blut noch erhöht.

Dies hat zur Folge, daß weniger Sauerstoff gelöst werden kann, wodurch die oxidative Energiegewinnung in den Muskelzellen herabgesetzt wird. Diese Zellen sind schließlich auf eine gute Sauerstoffversorgung und ausreichendes Nährstoffangebot aus dem Blut angewiesen.
Auf der anderen Seite können durch den Nährstoffabbau anfallende Stoffwechselprodukte (z.B. die Milchsäure) nicht genügend schnell abtransportiert werden. Sie verbleiben länger im Muskel und machen ihn im wahrsten Sinne „sauer", d.h. leistungsunfähiger. Überwärmung, Hitzestau bis zum Kollaps können hinzukommen.
Bei sportlichen Aktivitäten *über eine Stunde* ist demnach durchaus ein teilweiser „Wasser-Ersatz" sinnvoll! Man darf jedoch die gleichfalls notwendigen Elektrolyte (= in Körperflüssigkeiten gelöste Mineralstoffe) nicht außer acht lassen.
Den zu Unrecht noch existierenden „Irrglauben", daß eine Aufnahme von Flüssigkeit während sportlicher Aktion die Leistungsfähigkeit beeinträchtige, widerlegen entsprechende sportmedizinische Untersuchungen eindeutig.

SCHWEISS — EINE SCHWACHE ‚SALZ'-LÖSUNG

Es ist eine alte Erfahrung vieler Sportsleute, daß an heißen Tagen das Trinken salzhaltiger Flüssigkeit ihre Leistungsfähigkeit wieder herstellte oder gar steigerte, was unter anderem zu dem häufigen Gebrauch von Salztabletten führte. Für diese Erkenntnis gibt es zunächst eine einfache Erklärung: Wir verlieren nie Flüssigkeit (Schweiß) als „reines" Wasser; es werden immer gleichzeitig Elektrolyte mit ausgeschieden. Doch dabei handelt es sich nicht, wie früher fälschlicherweise von Sportlern oftmals angenommen, *nur um das Kochsalz* (Natriumchlorid). Ausgeschieden werden ebenso die Elektrolyte wie *Kalium, Magnesium und Calcium.* Ihr Anteil allerdings ist im Schweiß unterschiedlich. Besonders muß heutzutage im Ausdauersport neben dem Kochsalzverlust die Kalium- und Magnesiumausscheidung mehr Aufmerksamkeit in der Praxis finden.
Entscheidend für die Leistungsfähigkeit im Sport sind demnach mehrere Mineralsalze

(Elektrolyte). Ihre spezifische Funktion im Muskelstoffwechsel wollen wir in einer vereinfachten Übersicht aufzeigen:

KALIUM	⇨	Muskelfunktion Glykogenspeicherung (ohne Kalium nicht möglich) Wasserhaushalt
NATRIUM	⇨	Wasserhaushalt Enzymaktivierung
CALCIUM	⇨	Aktivierung von Nerven und Muskeln Einleitung der Muskelkontraktion
MAGNESIUM	⇨	Enzymaktivierung im Energiestoffwechsel Eiweißstoffwechsel Muskelfunktion
PHOSPHOR	⇨	Aufbau der energiereichen Phosphorverbindungen (ATP)

Diese Stoffwechselfunktionen können nur — wie schon angesprochen — bei einer normalen Wasserbilanz reibungslos ablaufen, was zugleich die enge Beziehung zwischen dem Wasser- und Mineralstoffhaushalt erklärt.
Der Organismus kann die ihm zugeführten Salze nur verwerten, wenn genügend Wasser mit verabreicht wird, und umgekehrt, d.h. das Wasser nur binden, wenn es Mineralsalze enthält. Daraus folgt:

1. Man muß im Ausdauersport den Wasser- und Elektrolytverlust berücksichtigen und rechtzeitig für einen (zumindest teilweisen) Ausgleich sorgen!
2. Die alleinige Zufuhr von Salztabletten ist strikt abzulehnen! Nicht nur wegen der einseitigen Elektrolytaufnahme, sondern vor allem deswegen, weil der plötzliche Überschuß an Salz zu einem *weiteren Wasserverlust* führt, da das zuviel aufgenommene Salz über die Nieren unter Mitnahme von Wasser wieder ausgeschieden wird.
3. Lediglich viel Flüssigkeit ohne ausreichenden Salzgehalt (Leitungswasser, Schneewasser, Tee, Limonaden, Bier) zu trinken, ist genauso falsch! Die Folge ist, daß das Wasser wieder *unter Mitnahme von Mineralstoffen* ausgeschieden wird und sich dadurch der Mineralstoffmangel weiter erhöht.
   Ein in Sportlerkreisen bekanntes Symptom eines durch Ernährungsfehler mitverursachten Mineralstoffdefizits (insbesondere Magnesium-Mangel) ist die Neigung zu Verkrampfungen in den Muskeln.
4. Bei der Getränkeauswahl darf der Sportler sich *nicht allein* von seinem Geschmack leiten lassen. Es ist an Wettkampftagen ganz entscheidend, was man zwischendurch trinkt!

In zunehmendem Maße wird im Leistungssport auch die Bedeutung der Spurenelemente Eisen (Sauerstofftransport), Zink (Eiweißstoffwechsel) und Selen (Gesundheitsschutz) diskutiert.

VERDAUUNGS-STOFFWECHSEL

Wir verzehren Lebensmittel, verwerten und benötigen aber Nährstoffe. Ob der Weg der Nahrung bis zur Verwertung mal kurz, mal lang ist, liegt einmal daran, daß die in Lebensmitteln „verpackten" Nährstoffe erst in eine für die Aufnahme in den Blutkreislauf und die Weiterverwendung im Stoffwechsel geeignete Form gebracht werden müssen. Größere Nährstoffkomplexe wie Stärke, Fette und Eiweiße müssen zunächst durch die eigentlichen Werkzeuge der Verdauung, die sogenannten Enzyme, in eine stoffwechselgeeignete Form, d.h. in ihre kleinsten Bausteine abgebaut werden.
Dabei entstehen aus:

NAHRUNGS-EIWEISSEN	⇨	Aminosäuren
KOHLEN-HYDRATEN	⇨	Einfachzucker (Monosaccharide)
FETTEN	⇨	Glycerin und Fettsäuren

Aus diesen Nährstoffen kann im Organismus Energie gewonnen oder körpereigene Substanz aufgebaut werden. Der nicht verwertbare Rest der Nahrung wird wieder ausgeschieden.
Der Vorgang der Verdauung beginnt im Mund durch das Kauen und Einspeicheln der Nahrung. Von dort gelangt der Nahrungsbrei in den Magen, den Zwölffingerdarm und schließlich in den Dünndarm. Mit Hilfe der nebenstehenden Abbildung läßt sich der Weg der Nahrung durch den Magen-Darmtrakt leicht nachvollziehen.
Die Verdauungsenzyme werden in geringerem Umfang mit dem Speichel und dem Magensaft ausgeschüttet. Der größte Teil der Verdauungsenzyme wird jedoch in der Bauchspeicheldrüse gebildet und von dort in den Darm geleitet. Vorrangige Aufgabe des Magens ist es, den Speisebrei vorübergehend zu speichern und ihn dann „portionsgerecht" weiterzugeben.

DER WEG DER NAHRUNG

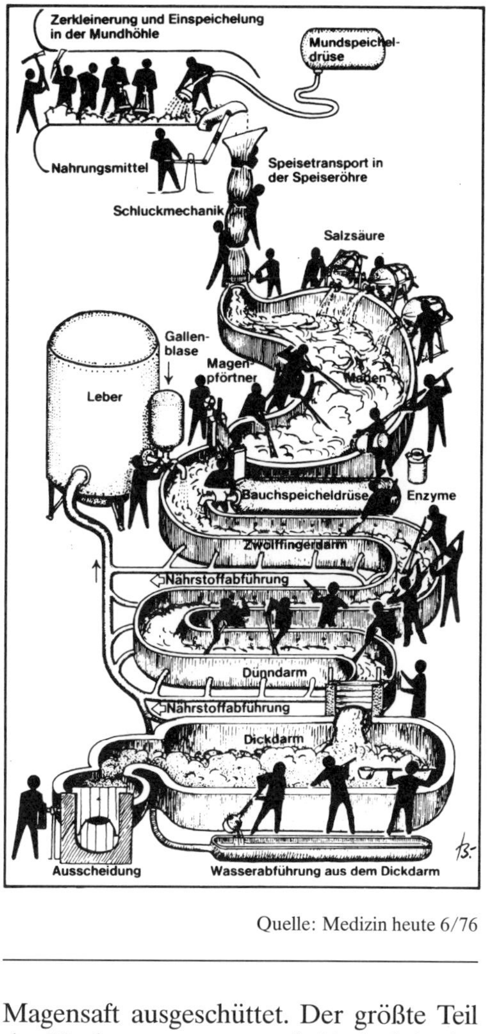

Quelle: Medizin heute 6/76

Die Resorption (= Aufnahme in den Blutkreislauf) der freigesetzten Nährstoffe, ebenso von Mineralstoffen, Vitaminen und Wasser, erfolgt hauptsächlich im Dünndarm, dem eigentlichen Ort der Verdauung. Dieser Prozeß wird während körperlicher Belastung nicht aufgehoben. Man kann deshalb ohne Bedenken kurz vor und während (z. B. in den Spielpausen) eines sportlichen Wettkampfs noch Flüssigkeit mit leichtverdaulichen Nährstoffen aufnehmen, natürlich keine zu große Einzelportion.

VERWEILDAUER VON SPEISEN IM MAGEN

Was da schon mal wie ein „Stein" im Magen liegt, ist meistens von Natur aus fettreich oder hat sich bei der Nahrungszubereitung mit Fett vollgesogen. Ein hoher Fettgehalt der Nahrung verzögert nämlich die Magenentleerung auf hormonellen Anlaß hin, indem die Magenmotorik (die Magenmuskulatur bei ihrer Arbeit) gehemmt wird. Schwerer verdauliches Fett soll dadurch nur schrittweise in den Zwölffingerdarm gelangen.

GRUNDSÄTZLICH GILT:

- Grobe, wenig zerkleinerte Nahrung verbleibt länger im Magen als gut gekaute.
- Je mehr Fett ein Lebensmittel enthält und je mehr Fett bei der Zubereitung der Speisen verwendet wird, desto langsamer ist ihr Transport.
- Zuckerreiche Getränke verweilen ebenfalls länger, weil die Zeit der Magenentleerung durch die Zuckerkonzentration verzögert wird.

VERWEILDAUER AUF EINEN BLICK

Zeit	Nahrungsmittel
bis zu 30 Minuten	Honig, Traubenzucker (bei normaler Konzentration), Alkohol
1/2 bis 1 Stunde	Tee, Mineralwasser, Mineralgemische mit Oligosacchariden, fettarme Brühe ohne Zusätze, ungezuckerter Kaffee, Buttermilch.
1 bis 2 Stunden	Milch, Kakao, Kaffee, Schwedenmilch, Joghurt, Dickmilch, fettarme Weichkäse, Weißbrot, helle Brötchen, weichgekochte Eier, Kochfisch, gekochter Reis, Kartoffelpürree, Obstkompott.
2 bis 3 Stunden	Pellkartoffeln, Salzkartoffeln, Rührei, Omelett, gekochtes mageres Fleisch, Gemüse wie Spinat, gekochte Möhren u. ä., Bananen, Beefmett (Tatar).
3 bis 4 Stunden	Huhn, gegrilltes Kalbfleisch, Schwarzbrot, Käse, die meisten rohen Obstsorten, gedünstetes junges Gemüse, grüner Salat, Beefsteak, Bratkartoffeln, Schinken, gegrilltes Filet.
4 bis 5 Stunden	gebratenes Steak (250 g), Braten, Hering, Rauchfleisch, Erbsen, Linsen, Schnittbohnen.
etwa 6 Stunden	Gurkensalat, Thunfisch in Öl, Speck, Schweinebraten, geräucherter Lachs, in Fett Gebackenes wie Spritzkuchen, Pilze.
bis zu 8 Stunden	Fettes Fleisch (z. B. Schweinshaxe) Gänsebraten, Grünkohl, Ölsardinen.

Die nebenstehende Tabelle „Verweildauer auf einen Blick“ gibt eine ungefähre Vorstellung, wie lang verschiedene Speisen im Magen verweilen können (Abweichungen je nach Menge und Zubereitungsart sind möglich).

Ein reibungsloser Ablauf der geschilderten Vorgänge im Magen-Darmtrakt ist also vor allem eine Frage der richtigen Lebensmittelauswahl und Speisenzubereitung, eines verteilten Mahlzeitenrhythmus, des bewußten Kauens und nicht zuletzt der Freude am Essen. Es kommt dabei ganz entscheidend auf ein gut funktionierendes Zusammenspiel der verschiedenen bereits erwähnten Enzyme an.

VERTEILUNG DER MAHLZEITEN UND PHYSIOLOGISCHE LEISTUNGSKURVE

Die Leistungsbereitschaft und die Leistungsfähigkeit jedes Menschen weisen im Verlauf eines 24-Stunden-Rhythmus gewisse Schwankungen auf.

Betrachtet man die Kurve, so zeigt sich:

- Steigende Leistungsbereitschaft am frühen Vormittag,
- absinkende Leistung bis zum frühen Nachmittag,
- erneut ansteigende Leistungsbereitschaft bis zum Abend,
- tiefes Absinken in der Nacht.

PHYSIOLOGISCHE LEISTUNGSKURVE UND MAHLZEITENVERTEILUNG

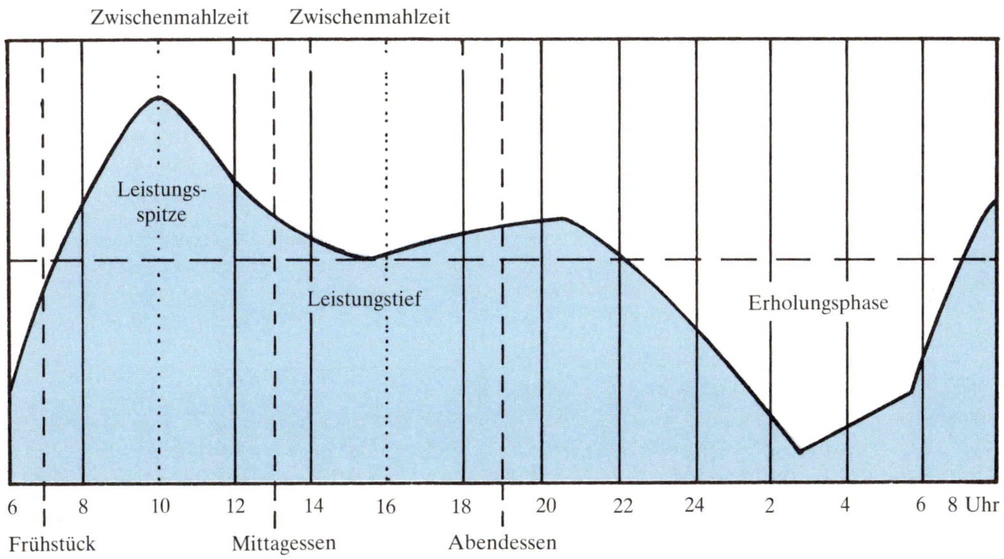

Fünf Mahlzeiten sind sinnvoller als drei! Auf das „timing" kommt es an.

Diese Schwankungen können in gewissem Maße individuell variieren, wobei auch das Verhältnis geistig/sitzende und körperliche Aktivität einen Einfluß hat. Aber auch Menge, Zusammensetzung, Zeitpunkt und Häufigkeit der Mahlzeiten haben Einfluß auf die Leistungsbereitschaft.
Mahlzeiten können sich zusätzlich hemmend oder ausgleichend bzw. unterstützend auf die Auf- und Abbewegungen der Leistungskurve auswirken.
Eine ganz entscheidende Empfehlung der Ernährungswissenschaft ist in diesem Zusammenhang, die tägliche Energiezufuhr auf fünf Mahlzeiten aufzuteilen.
Das soll nicht etwa heißen, daß man mengenmäßig mehr verzehren sollte. Dieses Mahlzeitenschema erlaubt vielmehr eine Aufteilung der Tagesenergiezufuhr auf mehrere, jeweils kleinere Mahlzeiten.
Jede dieser Mahlzeiten hat ihre spezifischen Aufgaben und verdient besondere Beachtung. Folglich sollte man daher keine Mahlzeit ausfallen lassen. Wer nicht frühstückt, wird kaum sein mögliches Leistungshoch am Vormittag nutzen können.
Wer zu Mittag zu reichlich ißt, wird am Nachmittag nur schwer in Schwung kommen, und die Leistung wird zu wünschen übrig lassen.
Wer die Zwischenmahlzeit ausläßt, läuft Gefahr, zusätzlich in „Leistungslöcher" zu geraten, die zwischen zwei Hauptmahlzeiten auftreten können.
Insgesamt erlaubt also eine regelmäßige Mahlzeiteneinnahme die Ausschöpfung des persönlichen Leistungsvermögens und sorgt dafür, daß „Leistungstiefs" soweit wie möglich abgefangen werden.
Außerdem vermeidet eine Mahlzeitenverteilung auf mehrere kleine Portionen größere Stoffwechselbelastungen. Üppige Mahlzeiten machen müde! Und mit vollem Bauch läßt sich kaum gut Sport treiben.
Das „timing", also die Zeitanpassung der Mahlzeiten an die persönlichen Arbeits- und Trainingsbedingungen des Sportlers, hat zentrale Bedeutung in der praktischen Sporternährung!
Im Bereich des Leistungs- und Hochleistungssports läßt sich vieles oft nur im persönlichen Gespräch mit einem Fachmann für Sporternährung klären.

Grundsätzlich gilt:

- Gerade an Sporttagen/Aktionstagen ist eine „Portionierung" unerläßlich! Insbesondere dann, wenn größere Energiemengen bereitgestellt werden müssen (z. B. bei Tennisturnieren, beim Bergsteigen usw.).
- Generell kommt im Sport der Gestaltung *richtiger* Zwischenmahlzeiten besondere Bedeutung zu! „Richtig" heißt: Die Zwischenmahlzeit sollte vorrangig den Nährstoff enthalten, der für die betreffende Sportart bevorzugt benötigt wird, also bei Krafttraining: Proteine, für Ausdauerleistungen: Kohlenhydrate.
- Wird vormittags trainiert oder ein Wettkampf betrieben, muß ausgiebig gefrühstückt werden!
- Wer am späten Nachmittag bzw. Abend Sport treibt, darf die Zwischenmahlzeit am Nachmittag *nicht* ausfallen lassen!

Die Vollwertkost ist als Ernährungskonzept zur Zeit in aller Munde und gerade in Sportlerkreisen ist das Interesse daran sehr groß. Für die Vollwerternährung gilt der Leitsatz „laßt unsere Nahrung so natürlich wie möglich“, d. h. die verwendeten Lebensmittel sollten möglichst wenig verarbeitet sein.
Auf isolierte und raffinierte Produkte sollte möglichst verzichtet werden.
Pflanzliche Lebensmittel sollten bevorzugt, der Fleischverzehr sollte reduziert werden. Es handelt sich also um eine Kost, die sich zusammensetzt aus Getreide und Getreideerzeugnissen, aus Milch und Milchprodukten, aus Eiern, aus möglichst frischem Gemüse und frischem Obst, aus Nüssen, Samen und daraus hergestellten Pflanzenölen, Gewürzen und Gewürzkräutern und geringen Mengen von Süßungsmitteln.
Fleisch kann in geringen Mengen eingebaut werden, sollte aber von Tieren aus artgerechter Haltung stammen. Zu befürworten ist ab und zu eine Mahlzeit mit Seefisch.
Diese Kost ist auch für die Ernährung des Sportlers empfehlenswert.
Die vegane Ernährung, die auf jede Zufuhr von tierischen Lebensmitteln verzichtet, kann allerdings zu Mangelerscheinungen — insbesondere in der Ernährung von Kindern und Jugendlichen — führen. Calcium, Eisen, Vitamin B_{12} und Protein stehen dabei im Vordergrund, wird die Kost noch ausschließlich roh verzehrt, so kann sie auf Dauer auch die energetischen Bedürfnisse eines arbeitenden Menschen bzw. Sportlers nicht decken.
Die (ovo-)lactovegetabile Kost, die Milch, Milchprodukte (und Eier) miteinbezieht, ist dagegen vollwertig. Wenn sie abwechslungsreich gestaltet wird, sind keine Nachteile für die Ernährungsversorgung zu erwarten.

VERÄNDERTE VERZEHRSMUSTER

Die gesundheitlichen Vorteile ergeben sich aus den veränderten Verzehrsmustern, die auch leistungsphysiologisch günstig zu beurteilen sind: vermehrte Zufuhr komplexer Kohlenhydrate (Stärketräger, die gleichzeitig Ballaststoffe, B-Vitamine, Magnesium und Kalium enthalten) sowie Kontrolle tierischer Eiweißbegleitstoffe, wie gesättigte Fettsäuren (in versteckten Fetten), Cholesterin und Purine (= Harnsäurebildner). Ein lactovegetabiler Trend wird heute allgemein als empfehlenswert herausgestellt. Fisch, Fleisch und Ei sind eher Beilagen einer kohlenhydratbetonten Mahlzeit. Fleisch und Wurst sollten deutlich weniger häufig verzehrt werden, als dies zur Zeit üblich ist. Das heißt im Klartext: nicht mehr täglich Fleisch, insgesamt kleinere Fleischportionen und seltener Wurst aufs Brot.

QUALITÄTSERHALTUNG BEI DER NAHRUNGSZUBEREITUNG

Die Empfehlung nach Professor Kollath lautet: „Laßt die Nahrung so natürlich wie möglich!“ Die Wahrscheinlichkeit, daß die Nahrung alle lebensnotwendigen Bestandteile enthält, ist umso größer, je weniger behandelt, also je »naturbelassener« Lebensmittel sind. Diese Forderung stellen auch Feinschmecker an gutes Essen. Lebensmittel sollten (neben dem Rohverzehr) möglichst frisch und unverarbeitet in den Topf, um zusätzliche Nährwert- und Geschmackseinbußen zu vermeiden. Erstrebenswert ist es ferner für die tägliche Ernährungsgestaltung, Gemüse und Obst vermehrt frisch zuzubereiten, d. h. Gemüse auch als Salat aufzutischen und Obst nicht nur als Kompott oder Saft, sondern häufi-

Kohlenhydratkost hält in Schwung und sorgt für ausgeglichene Leistung und Stimmung

ger, allerdings gut gewaschen und evtl. sparsam geschält, aus der Hand zu genießen.

So frisch und so einfach wie möglich.
Das ist die Devise.

Im Sinne einer vollwertigen Ernährung empfehlenswert sind: Vollkornbrötchen, -brote, -gebäck, Vollkornschrote bzw. -mehle (hohe Typenzahl, z. B. ab 1050, steht auf der Packung), Vollkorn- oder zumindest Parboiled-Reis, Vollkorn- oder Sojateigwaren, frische Kartoffeln (am besten in wenig Wasser gegart oder als Pellkartoffeln), frische oder tiefgefrorene Gemüse und Küchenkräuter, Salatgemüse, frische Sojasprossen (Keimlinge) und Pilze, frisches Obst der Jahreszeit, ungezuckerte, tiefgefrorene Früchte, Frischmilch und fettarme Sauermilchprodukte, ergänzt durch Frischfleisch und frische Seefische. Magnesiumhaltiges Mineralwasser, Früchte- und Kräutertees sowie Fruchtsaftschorlen sind gute Durstlöscher.

LEISTUNGSKOST BETONT KOHLENHYDRATE

Vegetarische Ernährungsprinzipien gewinnen im Sport zunehmend an Bedeutung, weil sie eine sinnvolle Kohlenhydratbetonung in der Ernährung ermöglichen. Kohlenhydrate sind in Ausdauersportdisziplinen in der Wettkampfvorbereitung, am Wettkampftag sowie in der Regenerationsphase mit einem Anteil von ca. 60 Prozent an der Energiebereitstellung die zentrale Nährstoffgruppe. Populäre amerikanische Leistungskostformen (Haas-Diät) fordern unter dieser Zielsetzung kohlenhydratreiche Speisen, strikte Fettkontrolle, genügend Eiweiß und hohe Dichte an lebensnotwendigen Nährstoffen. Damit erhält die Kost automatisch einen vegetabilen Trend im Sinne der Vollwert-Ernährung. Die genannten Anforderungen legen es bei Kenntnis der Lebensmittelzusammensetzungen nahe, vermehrt kohlenhydratreiche, pflanzliche Lebensmittel (Brot, Kartoffeln, Reis, Teigwaren, Getreideflocken, Gemüse und Obst) zu bevorzugen und tierische Nahrung, die eben nicht nur eiweißreich, sondern oft von versteckten Fetten begleitet ist, insgesamt nur kontrolliert zu verwenden.
Abschließend soll unter dem Thema Sport und Vegetarismus noch auf zwei Einzelaspekte eingegangen werden, die häufig Unsicherheit erkennen lassen. Das Thema Nahrungsproteine bzw. -eiweiße läßt sich an dieser Stelle nicht vollständig abhandeln, daher erfolgt nur ein Hinweis zur biologischen Wertigkeit, dem in der Praxisanwendung oft mißverstandenen Bewertungsmaßstab für Nahrungseiweiße. Es ist ein Irrtum zu glauben, nur über die tägliche „Fleischration" könne der Körper ausreichend mit Eiweiß versorgt werden. In der gemischten Kost ergänzen sich folgende pflanzliche und tierische Proteine besonders vorteilhaft, zum Beispiel:

- Brot mit Käse
- Haferflocken mit Milch
- Kartoffeln mit Ei
- und selbst rein vegetabile Kombinationen wie Erbsen und Mais.

Es zählt also nicht mehr allein die isolierte Betrachtung der biologischen Wertigkeit eines Lebensmittels, sondern die aufgezeigte Ergänzungswirkung verschiedener Nahrungsproteine. Und der Kraftsportler, der im Training bei erhöhtem Proteinbedarf zur Zusatzversorgung greift, kann das auch im Sinne einer lacto-vegetabilen Ernährung verwirklichen. So gibt es reine Milcheiweißkonzentrate oder Mischungen aus Soja- und Milcheiweiß oder mit Lysin angereichertes Weizeneiweiß, alles praktisch fett-, cholesterin- und purinfreie Präparate. Auf keinen Fall ist es sinnvoll, den Fleisch- und Wurstanteil in der Kost des Sportlers noch zu steigern. Das muß auch bei der Ernährung des jugendlichen Sportlers und den damit angebahnten Ernährungsgewohnheiten und gesundheitlichen Konsequenzen mitbedacht werden.

Dies gilt ebenfalls unter dem vieldiskutierten Aspekt der Eisenversorgung. Obwohl Fleisch und Fleischwaren recht viel Eisen enthalten (bei gemischter Ernährung stammen aus dieser Lebensmittelgruppe ca. 30 Prozent des Eisens), darf nicht übersehen werden, daß die Eisenversorgung der Bevölkerung und des Sportlers ein allgemeines Ernährungsproblem darstellt, das auch bei Fleischessern häufig vorhanden ist. Eisen aus Fleisch und Fleischprodukten wird mit ca. 23 Prozent im allgemeinen besser resorbiert als Eisen aus pflanzlichen Lebensmitteln (3 bis 8 Prozent bei nicht entleerten Eisenspeichern).

Hämeisen fördert die Eisenresorption aus Gemüse. Gleichzeitig in der Nahrung vorhandenes Vitamin C (z.B. aus Frischkostsalat oder Orangensaft) verbessert ebenfalls die Eisenaufnahme. Pflanzliche Quellen für das wichtige Spurenelement Eisen sind Gemüse, frische Gewürzkräuter, Trockenfrüchte, Traubensaft, Roggenvollkornbrot, Hülsenfrüchte, Haferflocken, Weizenkeime, Sesamsaat und Sonnenblumenkerne. Bei Unsicherheit über die Qualität der Eisenversorgung kann schließlich aufgrund einer ärztlichen Untersuchung (Ernährungsstatus) bzw. Verordnung eine gezielte Nahrungsergänzung durch eisenhaltige Medikamente bzw. diätetische Präparate vorgenommen werden.

Als Resümee läßt sich festhalten: (Ovo-)lactovegetabil orientierte Ernährungsformen ermöglichen eine bedarfsangepaßte, vollwertige und schmackhafte Nahrungsversorgung. Aus gesundheitlicher und leistungsphysiologischer Sicht ist jedoch ein mäßiger bzw. gelegentlicher Fleischkonsum keineswegs abzulehnen. Vielmehr gilt es, dem im „Steakglauben“ verwurzelten Sportler einen Anstoß zu geben, seine Ernährungsgewohnheiten zu überdenken etwa im Sinne, Fleisch nicht mehr in den Mittelpunkt der täglichen Mahlzeiten zu stellen. Kartoffeln, (Vollkorn-)Reis oder (Vollkorn-)Nudeln und Gemüse bilden dann den Hauptbestandteil, Fleischgerichte eher die — nicht einmal mehr alltägliche — Beilage eines Essens, das je nach Bedarf auch durch eine Quarkspeise effizient im Eiweißgehalt aufgewertet werden kann.

Diese veränderten Ernährungsmuster sind allgemein zu empfehlen in der täglichen Ernährung zuhause sowie in der Gemeinschaftsverpflegung. Leitlinie für die Kantine, in der Sportler verpflegt werden, muß ebenfalls Kohlenhydratbetonung bei gleichzeitiger Fettkontrolle sein.

Die erste Hürde, das Kapitel „Sporternährung — theoretisch“ ist nun genommen. Die „Quintessenz“ daraus ist die folgende Falsch-Richtig-Übersicht. Es lohnt sich, diese Ernährungsziele im Sport Schritt für Schritt in der eigenen täglichen Ernährung umzusetzen, denn „Richtig essen hilft gewinnen!“

So ist es falsch:	**So ist es richtig:**
Allzu lässige Einstellung gegenüber der täglichen Ernährung	Bewußte Lebensmittelauswahl
Einseitige Ernährung	Abwechslungsreiche Mischkost
Zuviel Fettkalorien	Auf versteckte Fette achten!
Zu geringe Kohlenhydrataufnahme	Mehr (Vollkorn-)Brot essen und die Beilagen wie Kartoffeln und (Vollkorn-)Reis oder -Teigwaren sowie Gemüse zu Hauptbestandteilen einer Mahlzeit machen
Zuviel „leere" Kalorien (Süßigkeiten, Alkohol)	Vollwertige Lebensmittelzusammenstellungen sichern die Vitamin- und Mineralstoffzufuhr
Unzureichender und falscher Flüssigkeitsersatz	Der richtige Schluck zur rechten Zeit ersetzt nicht nur Flüssigkeit, sondern auch Mineralstoffverluste
Fehleinschätzung von Nährstoffwirkungen	Kohlenhydrate sind die bevorzugte Energiequelle — das „Muskelbenzin" des Sportlers; Eiweiße sind die Aufbausubstanz für Muskeln und Enzyme
Beginn einer sportlichen Aktion mit leerem Magen	Das vollwertige Frühstück ist das Sprungbrett in den Tag. Kleine Zwischenmahlzeiten beugen Leistungstiefs vor.
Verzehr von zu üppigen und fettreichen Mahlzeiten vor dem Sport	Mehrere (5—6) kleinere Imbißmahlzeiten sind besser als wenige üppige. An Sporttagen muß die persönliche Bekömmlichkeit von Speisen und Getränken im Vordergrund stehen.

Vergleichen Sie bitte auch die Ernährungsempfehlungen auf den Seiten 90 und 91, „Was soll man vor einer sportlichen Aktion essen?", und die Tagesempfehlungen für Ausdauer- und Kraftsport auf den Seiten 94 und 95.

Nicht jeder Tag ist Trainingstag, und gespielt wird im Ballsport in der Regel samstags oder sonntags. Ganz wichtig wird die Ernährung am Aktionstag, im Leistungssport sagen wir in der Wettkampfsituation. Die Ernährung sollte stets der jeweiligen und individuellen Situation angepaßt sein.
Wie man das macht, wird im folgenden Kapitel erläutert.

Wir unterscheiden folgende Ernährungsphasen im Sport:

- *Vollwertige Basiskost* (abwechslungsreiche Mischkost mit Vollkorn- und Milchprodukten, frischem Obst und Gemüse) während des durchgängigen ganzjährigen Trainings
- Modifizierte Basiskost mit erhöhtem Eiweißanteil während des Krafttrainings *(Trainingsphase)*
- *Ernährung zur Aktions- bzw. Wettkampfvorbereitung* mit dem Ziel einer optimalen Anlage der Energie- und Nährstoffspeicher, um vorzeitigen Mangelsituationen soweit wie möglich vorzubeugen
- *Ernährung am Aktions- bzw. Wettkampftag,* d.h. der Sportsituation angepaßte Energiebereitstellung und Mahlzeitenverteilung; Versorgung mit (Pausen-) Getränken; individuelle Verträglichkeit der Mahlzeiten
- *Ernährung in der Regenerations- bzw. Erholungsphase* mit dem Ziel, Wiederherstellungsprozesse möglichst rasch in Gang zu bringen und verlorengegangene Substanzen zu ersetzen.

DIE VOLLWERTIGE BASISKOST

Trotz der individuellen Anforderungen hat die Ernährung in den verschiedenen Sportarten etwas wesentliches gemeinsam: die gesunderhaltende Basisernährung! Ihr Grundstock ist die vollwertige Lebensmittelzusammenstellung. Wer täglich vorwiegend nährstoffreiche Lebensmittel wie Vollkornprodukte, Kartoffeln, Gemüse, Milchprodukte und Obst, ergänzt durch mageres Fleisch und mindestens einmal wöchentlich Seefisch wählt, ist schon auf dem richtigen Wege.

Natürlich muß derjenige, der sich dies zum Grundprinzip macht, keinesfalls auf persönliche Vorlieben in der Ernährung (wie z.B. eine Süßigkeit, ein bestimmtes Getränk oder auch einen Imbiß an der Wurstbude) verzichten, sie dürfen aber nicht *ständig* Hauptbestandteile der Ernährung sein.

Diejenigen jedoch, die lieber weiterhin vorzugsweise Brötchen statt Vollkornbrot, Hamburger oder Pommes frites mit Mayonnaise statt einer richtigen Mittagsmahlzeit, am Nachmittag Kuchen statt eines Joghurts oder Obst essen und lieber ihren Durst mit Limonaden statt mit Fruchtsäften oder Mineralwasser löschen, müssen sich darüber im klaren sein, daß dieser hohe Verbrauch „nährstoffarmer" Nahrungsprodukte sie *nicht ausreichend* mit den für sie so wichtigen Vitaminen B_1 und B_6, sowie den Mineralstoffen Kalium, Magnesium und Eisen versorgt. Die Nachteile für die eigene Leistungsfähigkeit, die ein derartiges Ernährungsverhalten mit sich bringt, wären allerdings bei einer kontrollierten Nahrungsaufnahme vermeidbar.

Man sollte deshalb, wann immer es geht, nährstoffreiche Lebensmittel bevorzugen. Wenn man dann einmal zwischendurch weniger ernährungsbewußt ißt, werden die geringfügigen Defizite später ausgeglichen.

Eine einmalige Versorgung über Präparate in der Situation vor dem Sport ist weniger von Nutzen als die Regelmäßigkeit der Versorgung durch die Basiskost.

Präparate verleiten den leistungsbewußten Sportler nur dazu, sich die Auseinandersetzung mit Fragen einer vollwertigen Ernährung zu ersparen.

Nicht nur vor und nach sportlichen Betätigungen, sondern tagtäglich verdient die Ernährung unsere Aufmerksamkeit.

MODIFIZIERTE BASISKOST AN (KRAFT-)TRAININGS-TAGEN

‚Nicht so wichtig', wird mancher sagen. Und doch: Wer sich im Kraftraum quält, um seine Muskeln zu ‚stählen', wird dies vergeblich tun, hat er zuvor nicht auf eine ausreichende Proteinversorgung geachtet.
Handelt er dann auch noch so wie mancher, der ohne Frühstück zum Training geht, oder wie jener, der vor dem Training unterwegs an einer Bude schnell noch eine Portion fetttriefender Pommes frites mit Mayonnaise verzehrt, um wenigstens etwas im Magen zu haben, dann geht so manches harte Training im wahrsten Sinne des Wortes an die Substanz. Ein bißchen mehr Gedanken sollte man sich schon machen!
Grundlage für die Ernährung an Trainingstagen ist eine vermehrte Proteinaufnahme, da sie in erster Linie eine Aufbaukost darstellt. Je mehr kraftbetonte Trainingseinheiten anstehen, desto größeres Gewicht muß man auf eine ausreichende Proteinzufuhr legen.
Nach Nöcker können durch eiweißreiche Mahlzeiten (vor dem Training bzw. möglichst bald danach!) die durch den Trainingsreiz entstandenen Impulse für die Verdickung der Muskelfaser besonders gut genutzt werden.
Für den Trainingserfolg jedoch ist das Eiweiß nicht nur zum Muskelaufbau nötig, sondern ebenso für den Aufbau der Enzymsysteme und Hormone. Ein gewisser Eiweißüberschuß fördert zudem die Fähigkeit zur besseren Koordination der Bewegungsabläufe und zur Konzentration. Die geforderte Eiweißbetonung läßt sich relativ leicht in die Praxis umsetzen.
Zunächst einmal gilt an diesen Tagen: Abschied vom Einheitsfrühstück! Ein sogenanntes „Hotelfrühstück" (kontinentales Frühstück), d.h. Kaffee, Brötchen, Butter und Marmelade), erfüllt bei weitem nicht die Anforderungen, die an ein gesundes Frühstück zu stellen sind.
Hier bietet sich neben eiweißreichen Zwischenmahlzeiten (z.B. Milchmixgetränken, Quark- und Joghurtspeisen) die Gelegenheit, den Körper zusätzlich mit Eiweiß zu versorgen: beispielsweise indem eiweißreicher Käse (Magerquark, Schmelzkäse, Edamer, Harzer) als Brotbelag Verwendung findet.
Wer dies beherzigt, sorgt an Krafttrainingstagen für eine ausreichende Versorgung mit Eiweiß.
Weiterhin ist es zweckmäßig, sich an Trainingstagen schon vorher Gedanken über geeignete Zwischenmahlzeiten zu machen — vor allem wenn vor dem Training keine Zeit mehr für das Abendbrot bleibt — denn kalte Frikadellen, Koteletts, Mayonnaisesalate, Pommes frites mit Mayonnaise, Cremetorten, Bratwürste, süße Limonaden usw. sind keine geeigneten Zwischenmahlzeiten.
Empfehlenswert dagegen sind: Quark- und Joghurtspeisen, eine Portion Müsli, Milchpuddingspeisen, Milchreisspeisen, Milchmixgetränke, ein Schmelzflockengetränk (¼ l Fruchtsaft und 2 Eßlöffel Schmelzflokken), Joghurtschokolade, Vollkornkekse, ein Stück trockener Kuchen mit einer Tasse Kakao.
Natürlich tut's auch ein Käse- oder Wurstbrot, wenn es nicht gerade ein allzu fetter Brotbelag ist. Diese Speisen können ohne weiteres noch ca. 1 Stunde vor Trainingsbeginn verzehrt werden.
Ansonsten sollte die letzte größere Nahrungszufuhr 2—3 Stunden vor Trainingsbeginn liegen.

Wird allerdings in den Trainingseinheiten mehr auf Langzeitausdauer trainiert, ist auf die Wiederauffüllung der Glykogenvorräte zu achten (vor allem nach dem letzten Training vor dem Wettkampf)!
Weitere konkrete Empfehlungen finden Sie im Rezeptteil ab Seite 101.

DIE ERNÄHRUNG VOR DEM WETTKAMPF

Welcher Trainer möchte nicht, daß seine „Mannen" oder sein „Schützling" die Frucht harter Trainingsarbeit ernten: den Erfolg. Letzterer kann einem versagt bleiben, wenn der für manchen Aktiven scheinbar unwichtige Faktor „Ernährung" von ihm mißachtet wird.
Es steht aber nun einmal fest, daß nicht nur Mangel (z. B. an Kohlenhydraten, bzw. Glykogen, Vitaminen oder Mineralsalzen), sondern auch Überfluß (zu viel Fett) die volle Entfaltung der persönlichen Leistungsfähigkeit behindert.
Vielen Sportlern sind daher die mahnenden Worte des Trainers, „bei der Nahrungsaufnahme nicht nachlässig zu sein", aus der gemeinsamen Besprechung vor einem Wettkampf oder Match noch im Gedächtnis.
Wer dann dennoch mit „leerem Magen" eine Ausdauerleistung antritt, muß sich darüber im klaren sein, daß er bedeutend schneller ermüdet. In den letzten Minuten fehlt dann oft die Kraft „das Eisen" noch einmal aus dem Feuer zu reißen. Dabei wäre ein Kräfteeinbruch mit einfachen Mitteln zu vermeiden. Allerdings nicht, indem man ein besonders großes Steak verzehrt. Steaks — und damit Eiweiß — sind nicht, wie manchmal fälschlicherweise noch angenommen, die „Energieaufbauer" par excellence! (vgl. S. 27ff.).
Gewiß, mancher Aktive fühlt sich erst nach einem Steak glücklich, sei es auch nur ein kleines. In diesem Fall müssen dann zumindest die richtigen Beilagen (Reis, Kartoffeln oder Nudeln) sowie der richtige Nachtisch (Pudding, Fruchtsalat, Kompott) für die nötige Kohlenhydratzufuhr sorgen.
Bekanntlich entscheidet die Ernährungsweise (Kostart) am Vorabend/Aktionstag, bzw. die Menge des Muskelglykogens, wie lange eine intensive körperliche Leistung aufrechterhalten werden kann (vgl. Untersuchung S. 20). Ideale Grundlage im Ausdauersport sind demnach Kartoffeln, Teigwaren oder Reisgerichte sowie Brot und Müslis. Sie liefern dem Aktiven die zu diesem Zeitpunkt notwendigen Kohlenhydrate. Ernährungsziel eines jeden sollte es somit sein, am Wettkampf-/Spieltag über möglichst viel Muskelglykogenreserven zu verfügen.
Generell gilt, insbesondere für die, die mittags auf ihr Steak ungern verzichten:

1. *Am Vorabend* kohlenhydratreich essen.
2. *Am Aktionstag* kohlenhydratreich frühstücken.
3. *Mittags* Hauptgericht und Nachspeise aufeinander abstimmen.
4. Zwischendurch Kohlenhydratreiches wie Vollkornkekse, Fruchtschnitten, Trockenobst und Müsliriegel wählen.

Zweckmäßig ist die geforderte Kostumstellung (Punkt 1) am Vorabend, weil, wie eine praxisbezogene Untersuchung aus dem Fußballsport eindeutig belegt, eine am Vorabend aufgenommene kohlenhydratreiche Nahrung zu größeren Leistungsreserven (Glykogenreserven!) führte, was sich in der

zweiten Spielhälfte u. a. in einer vermehrten Lauf- und Spurtfreudigkeit ausdrückte.
Ein bekanntes Beispiel für kohlenhydratreiche Vorwettkampf-Ernährung sind die sogenannten Nudelparties am Vorabend vor einem Marathonereignis.
Abschließend sei bemerkt, daß jeder Mensch im Laufe der Jahre bestimmte Ernährungsgewohnheiten entwickelt hat. Diese sollen niemals schlagartig geändert werden, vor allem nicht, wenn es darauf ankommt. Deshalb **keine Kostexperimente unmittelbar vor dem Sport.**

ERNÄHRUNG AM WETTKAMPF- BZW. SPORTTAG

Vorrang bei der Kostgestaltung am Aktionstag (bzw. am Vorabend) haben persönliche Bekömmlichkeit und leichte Verdaulichkeit. Ein Haferflockenmüsli mit frischem Obst und einem Milchprodukt ist der beste Start in den (Sport-)Tag.
Mehrere, kleinere Mahlzeiten sind gut für gleichbleibende Leistung und belasten weniger als wenige üppige Portionen. Weder nüchtern bzw. hungrig noch mit vollem Bauch an den Start zu gehen, ist günstig. Die Mahlzeiten vor dem Wettkampf sollten leicht verdaulich sein und nicht den Magen belasten. Das bedeutet vor allem: keine fettreichen Speisen und wenig Eiweiß! Diese Nährstoffe verzögern die Entleerung des Magens. Die vorangegangene Hauptmahlzeit sollte kohlenhydratbetont sein, zum Beispiel Müsli oder Brot mit Marmelade und Honig oder Nudeln mit Tomatensoße und etwas Fleisch, Kartoffelpüree mit Gemüse oder Reis-Gemüseeintopf (aber ohne Hülsenfrüchte, die blähend wirken können).
Eine halbe bis eine Stunde vor dem Sport kann noch ein kleiner Kohlenhydratimbiß gegeben werden, etwa Knäckebrot mit Konfitüre oder Honig, Fruchtsaft mit leicht löslichen Haferflocken, Vollkornkekse mit einer Tasse Tee.
Nahrungszufuhr während eines Wettkampfes ist nur bei langandauernden Einsätzen notwendig wie Marathonlauf oder Radrennen. Bei Leistungen über einer Stunde ist die zusätzliche Gabe von Kohlenhydraten — in Getränken gelöst — ratsam.
Je nach Bedingungen des Wettkampfes wird daher die Pausenverpflegung bzw. das Pausengetränk wichtig. In einer 15-Minuten-Pause kann nur etwas Flüssiges bereitgestellt werden. Besteht dagegen mehr Zeit (etwa eine Stunde), kann ein kleiner Kohlenhydratimbiß einschließlich Getränk angeboten werden.
Mehr über das wichtige Thema des Pausenschlucks erfahren Sie auf den folgenden Seiten.

DER PAUSENSCHLUCK

Das Bild eines Sportlers, der ‚während' eines Wettkampftages in der Phase des Seitenwechsels (Ballsport) oder in der Verschnaufpause (Langlauf, Bergsteigen) Flüssigkeit „tankt", ist uns sehr vertraut; weit seltener dagegen der Inhalt so mancher „Pulle", weil kaum ein Profi oder Bundesligaklub aus Konkurrenzgründen sein wohlgehütetes „Rezept" preisgibt …

... Nicht immer aber ist es „das Richtige“, was der einzelne da so trinkt.
Woran mag dies liegen? Gewiß, man will zunächst einmal den Durst löschen und macht sich daher in der Regel kaum Gedanken, ob das Getränk in der Pause zweckmäßig ist. Andererseits weiß man nicht genau, was man trinken soll. Vielfach ist einer der Gründe für dieses Verhalten die unzureichende Kenntnis — dies bezieht sich vorrangig auf den Zucker- und Mineralstoffgehalt — der täglich verwendeten Durstlöscher.
Wer sich allein von seinem Geschmack leiten läßt, muß dann gegebenenfalls — vorausgesetzt es handelt sich um einen weniger nützlichen Flüssigkeitsersatz — die damit verbundenen Nachteile in Kauf nehmen: noch mehr Wasserverlust oder im anderen Falle vermehrte Mineralausscheidung und deren Folgen (vgl. Seite 36). Das „richtige“ Pausengetränk sollte sowohl Wasser wie Mineralstoffverluste ersetzen können. Ferner muß es bekömmlich und darf *nicht zu süß* sein!
Zum letzteren: Natürlich empfiehlt es sich im Ausdauersport — wie man von seiten der Sportmedizin hört —, gleichzeitig mit dem Pausengetränk weitere Kohlenhydrate aufzunehmen.
Jedoch muß eines in diesem Zusammenhang in aller Klarheit ausgesprochen werden: Die Devise „Viel hilft viel“ gilt *nicht* für den Zuckerzusatz im Pausengetränk, wenn Kohlenhydrate auch noch so wichtig im Sport sind. Auf die richtige Dosierung kommt es an. Denn zu stark konzentrierte Zuckerlösungen (-getränke) können ihr Ziel verfehlen, so daß die Zeit ihrer Wirksamkeit nicht dem gewünschten Zeitpunkt entspricht.
Die richtige Menge Zuckerkonzentration liegt bei 5—6 Prozent, d. h. einem Liter Teegetränk kann man 50—60 g Honig oder Zucker (das entspricht etwa 4 Eßlöffeln) hinzufügen.
Fruchtsäfte demgegenüber weisen bereits einen natürlichen Zuckergehalt auf; ein weiterer Zusatz erübrigt sich deswegen; es kann sogar sinnvoll sein, sie mit einem magnesiumhaltigen Mineralwasser zu „verdünnen“ (vgl. Getränkeempfehlungen auf Seite 59).
So wichtig auch die Getränkefrage im Sport ist, eines muß klar gesagt werden:

Fehler in der Ernährung vor dem Wettkampf/Spiel — wie ein ungünstiges Kohlenhydrat/Fett-Verhältnis — sind durch ein noch so gutes Pausengetränk nicht wettzumachen!

GRUNDSÄTZLICHES ZUM TRINKVERHALTEN

Nicht zu viel!
Richtwert für eine Pausenportion ca. 0,2 l, d. h. etwa ein normales Wasserglas.
Schluckweise trinken!
Nicht zu hastig!
Eine Spielpause dauert schließlich 15 Minuten (Ausnahme Tennis).
Nicht eiskalt!
Ein Getränk kann im Sommer erfrischend kühl (ca. 8°C—13°C) oder in der kalten Jahreszeit wohltuend warm sein.
Abschließend sei noch auf die Notwendigkeit hingewiesen, dem Körper nicht erst (!) im Wettkampf Flüssigkeit zuzuführen, sondern auch im Training, um ihn daran zu gewöhnen.
Letzteres gilt natürlich auch für das Getränk selbst. Jeder sollte im Training erproben bzw. wissen, welches der von uns vorgeschlagenen Getränke ihm am besten bekommt.

Fazit: keine Experimente erst am Aktionstag!

Wird dieses mißachtet, können Leistungseinbußen infolge von Magenbeschwerden die Folge sein.

GRUNDSÄTZLICHES ZUR ERNÄHRUNG AM AKTIONSTAG

- Zu Beginn einer Aktion darf der Magen weder leer noch stark gefüllt sein.
- Die letzte größere Mahlzeit vor einer sportlichen Aktion sollte deshalb ca. 2 bis 2½ Stunden zurückliegen.
- Wegen der Bekömmlichkeit (Verweildauer) ist auf fett- sowie cellulosereiche Kost zu verzichten.
- Zeit lassen zum Essen und niemals hastig größere Mengen kalte Getränke vor dem Sport „hinunterstürzen“!
- Bei der Hauptmahlzeit am Aktionstag möglichst nicht die so wichtige Süßspeise (Nachtisch) stehen lassen!
- Wer meint, vor einer entscheidenden Leistung (Match) zu aufgeregt zum Essen zu sein, esse zumindest zwischendurch mehrmals kleinere „Happen“ (z. B. Vollkornkekse, Knäckebrot, Fruchtschnitten oder Müsliriegel).
- Es spricht nichts gegen eine Flüssigkeitsaufnahme (ca. 0,2 l) noch *10 Minuten vor* der Aktion, da durch das „Warmmachen“ bereits ein gewisser Flüssigkeitsverlust eintritt.
- An heißen Tagen ca. 30 Minuten vor dem Start/Beginn vorteilhaft: eine Tasse leichtgesalzene Bouillon (fettarme Fleisch- oder Gemüsebrühe) oder ein Glas (0,2 l) leichtgesalzener Tomaten- oder Gemüsesaft.

Allgemein ist je nach Aktionsbeginn zu verfahren (Leitfaden):

AKTION VORMITTAGS

- Pflicht: ein kohlenhydratreiches Abendessen am Vortag!
- Kohlenhydratreiches Frühstück ca. zwei Stunden vor Sportbeginn.
  Ideales Sportlerfrühstück: Haferflocken oder Müslis mit Milch!
  In der kalten Jahreszeit auch als Porridge mit Trockenobst.

AKTION NACHMITTAGS

- Wünschenswert: kohlenhydratreiches Abendessen am Vortag.
- Kohlenhydratreiches Frühstück.
- Ca. drei Stunden vor Sportbeginn leichtverdauliche kohlenhydrathaltige, fettarme Mahlzeit.

AKTION ABENDS

- Möglichst kohlenhydratreich frühstükken!
- Mittags: eine fettarme, kohlenhydratreiche Mahlzeit.
- Zum Nachmittags-Tee/Kaffee 1 bis 2 Stück trockenen Kuchen, oder 1 bis 2 Scheiben Vollkorn-Knäckebrot mit Frischkäse und Obstscheiben, oder Obstsalat (Banane, Apfel, Orange, Kiwi) mit Vollkornflocken.

Richtiges „Auffüllen" nach sportlichen Aktionen verbessert den Erholungsprozeß

Freude und Ausgelassenheit nach dem Training oder die Siegesfeier nach dem sportlichen Einsatz sind mitunter die Ursachen dafür, daß — obwohl jedermann klar — die Ernährung und damit der Ersatz der ‚verbrauchten Kräfte' vernachlässigt werden. Meist löscht man den Durst erst einmal mit kalten Getränken und ißt — wenn überhaupt — unkontrolliert.
Nun, gegen ein ‚kühles Helles' ist selbstverständlich nichts einzuwenden, doch nicht unmittelbar nach einer Aktion!
Besser wäre — der Elektrolyte wegen — zu diesem Zeitpunkt erst ein Tomatensaft mit etwas Salz; oder wem dies nicht schmeckt, ein Mineralwasser mit Fruchtsaft (z.B. Apfelsaft mit Soda).
Nach Aussage von Sportmedizinern wird nach einer starken körperlichen Belastung weitaus mehr Kalium aus der Muskelzelle ausgeschwemmt, als dies während der sportlichen Tätigkeit geschieht. Der Ersatz hingegen, vorausgesetzt, dem Organismus wird anschließend durch entsprechende Nahrungs- bzw. Flüssigkeitsaufnahme Kalium angeboten, geht nur langsam vonstatten. Zusätzlich muß bedacht werden, daß für die Wiederauffüllung der Glykogenspeicher Kalium erforderlich ist (vgl. Seite 36).
Ratsam ist daher nach dem Sport immer erst einmal ein kaliumreiches Getränk — Fruchtsäfte sind kaliumreich! Die beliebten Limonaden und Colagetränke sind dafür nicht geeignet.

Mit zunehmender Erholung bekommt der Sportler Appetit auf „handfestere" Sachen. Dann ist aber möglichst eine Kost zu wählen, die eine gewisse Menge Kohlenhydrate enthält (z.B. ein Reis- oder Nudelgericht etc.). Es gilt auch für den ‚Nichtprofi' zu bedenken, daß intensive Ausdauerbelastungen zu einer starken Verarmung der Muskelzellen an Glykogen führen und der ausgeschöpfte Muskel einen starken Auffüllbedarf für Kohlenhydrate nach sportlichen Aktivitäten entwickelt. Wer dies mißachtet, verzögert den Erholungsprozeß! Denn je nachdem, wann die nächste Aktion (Training/Wettkampf) wieder ansteht, wird die Regenerationsmaßnahme mitentscheidend für den nächsten Erfolg.

REGENERATIONSMASSNAHMEN BEI TURNIEREN

Im besonderen Maße notwendig ist ein kontrolliertes Essen und Trinken bei Turnieren, aber auch bei aufeinanderfolgenden Wettkämpfen, längeren Bergtouren und nach dem letzten Training vor einer Aktion (Spiel), denn hier wird aus der Sicht der Ernährung bereits die Grundlage für die nächste sportliche Leistung gelegt. Gleiches gilt für die Sportler/Profis, die oftmals in der Woche zwei Spiele austragen müssen und die außerdem ein höheres Trainingspensum zu leisten haben. Sie befinden sich in der Saison theoretisch betrachtet immer in einer Wettkampfsituation.

Mit zu berücksichtigen in diesen Situationen bleibt, daß der Abbau der Ermüdungsrückstände und damit der Erholungsprozeß eine bestimmte Zeit benötigt.

Bei Turnieren muß daher der Ernährung *nach* dem Einsatz ebensoviel Beachtung geschenkt werden wie davor!

Wenn dann noch kalte Getränke, die zwar nach dem sportlichen Einsatz subjektiv kurzfristig als angenehm und durststillend empfunden werden, getrunken werden, hat dies einen nicht zu übersehenden Nachteil: Kalte Getränke haben eine längere Verweildauer im Magen. Es kann zu einer Scheinsättigung kommen, die eine ausreichende Nahrungsaufnahme nach dem Sport verzögert.

Erstes Ernährungsziel muß es aber an solchen Tagen sein, die nach intensiver Körperarbeit weitgehend erschöpften Muskelglykogendepots wiederaufzufüllen.

WAS BEDEUTET DAS FÜR DIE PRAXIS?

Eine Wiederauffüllung erfolgt schneller, wenn die anschließende Mahlzeit möglichst viel Kohlenhydrate enthält (beispielsweise ein Nudelgericht, als Nachspeise gesüßter Fruchtsalat), zumal bekanntlich eine „ausgelaugte" Muskulatur begierig Kohlenhydrate aufnimmt.

Während das gewünschte Ziel in dem zuvor genannten Falle nach ca. 12—24 Stunden erreicht wird, dauert dies bei einer vorwiegend fett/eiweißreichen Kost (z.B. Fleisch mit geringer Menge Gemüse) erheblich länger (Ketz).In Turniersituationen wäre dies — wie jeder leicht einsieht — viel zu spät! Der Muskelglykogengehalt — dies sei hier nochmals betont — ist nach einer kohlenhydratreichen Kost sechsmal so hoch, wie nach einer fett-eiweißreichen Kost und doppelt so hoch wie nach einer gemischten Normalkost (vgl. Seite 20, Muskelglykogengehalt bei verschiedenen Kostformen)!

Folglich sind daher auch in dieser Situation Frikadellen, Pommes frites mit Mayonnaise, Bratwürste, kalte Platten und derglei-

chen fehl am Platz! Zu bevorzugen sind dagegen kohlenhydratreiche Getränke (Fruchtsäfte), Fruchtkaltschalen, Kraftbrühen mit Nudel- oder Reiseinlage, etc., mit denen der Sportler Flüssigkeit, Elektrolyte und gleichzeitig Kohlenhydrate nachfüllt.
Die Mahlzeiten am Abend und am folgenden Tag entsprechen dann wieder dem Prinzip der Ernährungsgestaltung am Aktions- bzw. Wettkampftag.
Der Bedeutung der Flüssigkeitsaufnahme im Sport entsprechend soll abschließend der Einsatz der Getränke in Abhängigkeit von den einzelnen Sportphasen erläutert werden.
Das Getränkeangebot läßt sich je nach *Einsatzbedingung* differenziert bewerten.

WERTVOLLE DURSTLÖSCHER

In der Basis-Ernährung (gilt auch an Trainingstagen):

- frisch gepreßter Orangensaft
- reine Fruchtsäfte (mineralstoff- und vitaminreicher als Fruchtsaftgetränke)
- Multivitamin-Säfte
- Gemüsesäfte, milchsauervergorene Gemüsemoste
- magnesiumreiches Mineralwasser
- Milchmixgetränke mit frischen Früchten, Buttermilch, Kefir und Molkengetränke
- Kakao aus Trinkmilch mit 1,5% Fett
- Teegetränke mit frisch gepreßtem Orangen- oder Zitronensaft, leicht gesüßt
- fettarme Gemüsebrühen auf Hefebasis
- Schorlen = Mischgetränk aus kaliumreichem Fruchtsaft (z. B. Apfel) und magnesiumreichem Mineralwasser
- Elektrolyt-Instant-Drinks

An Wettkampf-/Turniertagen vor der Aktion und in längeren Pausenphasen:

- reine Fruchtsäfte (evtl. mit einem Teelöffel Instant-Haferflocken zum Abpuffern der Fruchtsäuren)
- Fruchtsaftschorlen
- magnesiumreiche Elektrolytprodukte
- Teegetränke mit frisch gepreßtem Saft, leicht gesüßt
- Molkengetränke (individuelle Verträglichkeit beachten)
- fettarme Gemüsebrühen auf Hefebasis

WENIGER GEEIGNET:

- Limonadengetränke (niedrige Nährstoffdichte, hoher Zuckergehalt)
- Leitungswasser
- (Voll-)Milch

An Wettkampftagen während einer Aktion:

- magnesiumreiches Mineralwasser
- evtl. als Fruchtsaftschorle, dann im Verhältnis Mineralwasser und Fruchtsaft = 2 : 1 (!)
- isotonisches Sportlergetränk
- angereicherte Teegetränke

WENIGER GEEIGNET BIS UNGEEIGNET:

Alle Getränke mit einem Zuckergehalt über 6 Prozent, alle Milchprodukte, reines Leitungswasser.

Nach dem Wettkampf

können wieder die Getränke der Basisernährung verwendet werden.

(QUELLE: Hamm, M.; Nilles, M.: Der Nährstoffgehalt eines Getränks — Maßstab für den Stellenwert in der Ernährung an Trainings- und Wettkampftagen. In: Skilanglauf/Triathlon, Heft 1/1987.)

LEBENSMITTEL-WARENKUNDE

Alle Ernährungsempfehlungen müssen Lebensmittelempfehlungen sein

Wir benötigen Nährstoffe und verzehren Lebensmittel. Dieser Satz macht deutlich, worauf es ankommt. Die Weichen für eine vollwertige und sportgerechte Ernährung werden keineswegs alleine in der Küche gestellt, sondern bereits durch die richtige Nahrungsauswahl beim Einkauf oder bei der sog. Außer-Haus-Verpflegung (Kantine, Mensa). Im allgemeinen steht dabei erst einmal der Geschmack im Vordergrund. Überlegungen, was man ißt, dürfen hier aber nicht aufhören …

Der Ernährungskreis zeigt Zusammenhänge auf.

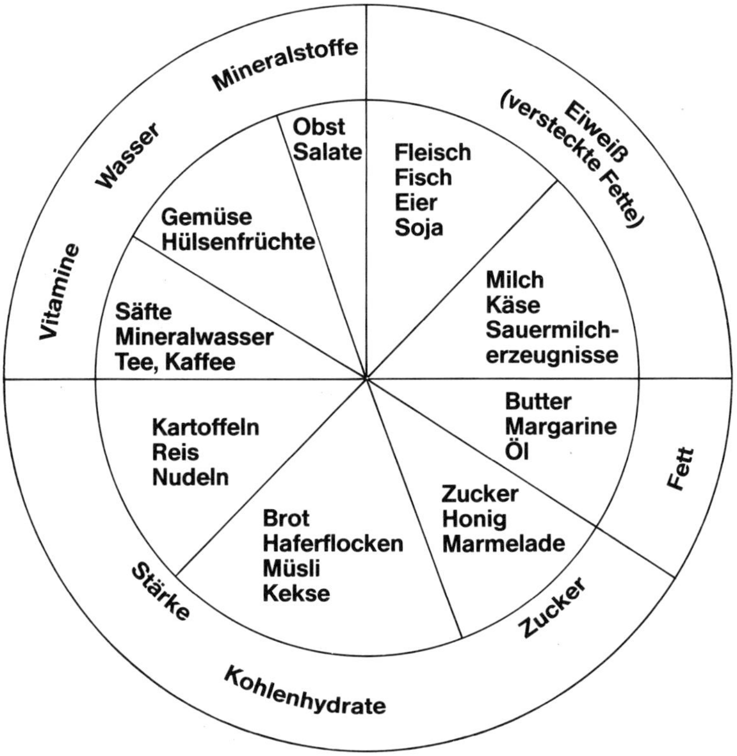

... Schließlich bleibt nach dem Genußwert noch die wichtige Frage nach dem Nährstoffwert. Diese ist selbstverständlich keineswegs bei jeder Mahlzeit mit dem gleichen Ernst, dem gleichen Gewicht zu stellen. Das heißt aber nicht, daß man stets lässig verfahren sollte — und schon gar nicht an Sporttagen. Hier gilt es, nährstoffreiche Lebensmittel zu wählen.
Denn — wie bekannt — sind nicht alle Lebensmittel gleichermaßen geeignet, dem Sportler die nötigen Nährstoffe anzubieten. Jedermann sieht sich heute einem unübersehbaren Lebensmittelangebot gegenüber, was aber auch gleichzeitig die Auswahl erschwert.
Unser Anliegen in diesem Teil des Buches ist es deshalb, den Sportler bzw. die für den Einkauf verantwortliche Person gezielt und sachlich zu informieren, indem wir Anhaltspunkte aufzeigen, die ihnen die Wahl erleichtern.
Eine einfache Orientierungshilfe ist der obige Ernährungskreis. Er zeigt Zusammenhänge zwischen Nährstoffen und Lebensmitteln auf.
In einer gemischten, d.h. abwechslungsreich gestalteten Ernährung haben alle Lebensmittel ihren Platz, vorausgesetzt, wir wählen aus jeder Gruppe qualitätsbewußt aus. Mit dem neuen Qualitätskriterium „Nährstoffdichte" haben wir auch dafür

NÄHRSTOFFDICHTE · BERECHNUNGSFORMEL

$$\text{Nährstoffdichte} = \frac{\textit{Gehalt an einem lebensnotwendigen Nährstoff}}{\text{Energiegehalt des Lebensmittels}}$$

einen Beurteilungsmaßstab zur Hand. Die Einstufung eines Lebensmittels als „nährstoffreich" oder „leerer Kalorienträger" erfolgt nicht mehr willkürlich, sondern basiert auf einer sinnvollen Berechnung.

Der populäre Ausdruck „leere" Kalorienträger bedeutet, daß wir mit solchen Lebensmitteln wenig lebenswichtige Nährstoffe, dafür nur (reine) Energie aufnehmen. Zucker ist ein Beispiel für ein Nahrungsprodukt mit einer äußerst niedrigen Dichte (praktisch Null!) an lebensnotwendigen Nährstoffen.
Lebensmittel mit einer hohen Nährstoffdichte (Gemüse, Milch, Vollkornerzeugnisse etc.) können einen begrenzten Konsum von Lebensmitteln mit niedriger Nährstoffdichte relativ gut kompensieren.
Wie können wir nun erkennen, ob ein Lebensmittel eine günstige Nährstoffdichte hat oder nicht?
Man vergleicht ganz einfach die Nährstoffdichte eines Lebensmittels (sog. Ist-Nährstoffdichte) mit dem Nährstoffbedarf des Körpers (sog. Soll-Nährstoffdichte). Wenn die Nährstoffdichte im Lebensmittel gleich oder — besser noch — höher als die entsprechende Bedarfszahl ist, eignet sich das Lebensmittel zur Bedarfsdeckung. Liegen sehr hohe Werte (Fettdruck) vor, kann das Lebensmittel in einer gemischten Kost sogar andere nicht so gut ausgestattete aufwerten.
Liegt die Nährstoffdichte unter den Bedarfszahlen, ist dieses Lebensmittel weniger gut zur Versorgung mit diesem speziellen Nährstoff geeignet.
Wir sehen in den folgenden neuartigen Lebensmitteltabellen, daß die Nahrungsgüter natürlich auch bei den einzelnen Nährstoffen recht unterschiedlich zusammengesetzt sind. Eine gemischte Ernährung wird daher erst durch das Zusammenspiel verschiedener Lebensmittel vollwertig.
In Zukunft sollten Lebensmittel also stets qualitätsbewußt, d.h. nach Nährstoffdichten ausgewählt werden.

EMPFEHLUNGEN FÜR DIE NÄHRSTOFFZUFUHR

Empfehlungen (Soll-Nährstoffdichte) DGE 1985	Calcium (mg/MJ)	Magnesium (mg/MJ)	Eisen (mg/MJ)	Vit. A (mg-Äq.* /MJ)	Vit. E mg-Äq.** /MJ)	Thiamin (mg/MJ)	Riboflavin (mg/MJ)	Vit. B_6 (mg/MJ)	Folsäure (µg-Äq.*** /MJ)	Vit. C (mg/MJ)
Jugendliche männl.	72	32	1,0	0,09	1,0	0,12	0,14	0,17	13	6
Jugendliche weibl.	80	35	1,8	0,09	1,2	0,13	0,17	0,18	16	7
Erwachsene männl.	73	32	1,1	0,09	1,1	0,13	0,15	0,16	15	7
Erwachsene weibl.	89	33	2,0	0,09	1,3	0,13	0,17	0,18	18	8

Für Leistungssportler gelten höhere Soll-Nährstoffdichten als die der entsprechenden Vergleichsgruppen (Jugendliche und Erwachsene). Daher sind die Lebensmittel mit hoher Nährstoffdichte (fettgedruckte Zahlen) im wöchentlichen Speisenplan zu bevorzugen.

NÄHRSTOFFDICHTE AUSGEWÄHLTER LEBENSMITTEL

Kritische Nährstoffe in Milligramm = mg, bezogen auf MJ = Megajoule = 1000 Kilojoule
Fettdruck: Günstige Nährstoffquellen

Lebensmittel (Ist-Nährstoffdichte)	Calcium (mg/MJ)	Magnesium (mg/MJ)	Eisen (mg/MJ)	Vit. A (mg-Äq.* /MJ)	Vit. E mg-Äq.** /MJ)	Thiamin (mg/MJ)	Riboflavin (mg/M)	Vit. B_6 (mg/MJ)	Folsäure (µg-Äq.*** /MJ)	Vit. C (mg/MJ)
Weizenvollkornbrot	71	**103**	2,2	0	2,8	0,28	0,17	0,40	38	0
Brötchen	25	27	1,1	0	0,4	0,09	0,03	0,12	14	0
Weißmehl (Type 550)	11	(6)	0,7	0	1,3	0,07	0,05	0,07	6	0
Haferflocken	34	**88**	2,9	0	2,3	**0,37**	0,09	0,10	9	0
Cornflakes	8	9	1,3	0	2,3	**0,89**[1]	**1,25**[1]	**0,97**[1]	**275**[1]	0
Eierteigwaren	17	43	1,0	0,04	0,2	0,11	0,05	0,04	4	0
Kartoffeln, gekocht	28	74	2,4	0	0,3	0,19	0,11	**0,49**	9	**20**
Pommes frites	29	36	1,3	0,01	—	0,11	0,05	—	—	4
weiße Bohnen, gekocht	78	**97**	4,5	0,05	1,7	0,26	0,10	0,18	23	2
Schnittbohnen, gekocht	**439**	**193**	**6,4**	**0,40**	2,0	**0,37**	**0,69**	**1,62**	**141**	**62**[3]
Blumenkohl, gekocht	**214**	**182**	**6,7**	0,04	0,9	**0,71**	**0,80**	**1,61**	**173**	**298**[3]
Grünkohl, gekocht	**1 399**	**205**	**12,5**	**3,61**	**26,4**	**0,40**	**1,24**	**1,24**	**92**	**277**[3]
Spinat, gekocht	1 441[2]	663[2]	46,9[2]	**6,81**	**28,6**	**0,76**	**1,97**	**1,89**	**336**	**238**[3]
Weißkohl, gekocht	**546**	**273**	**5,9**	0,08	0,3	**0,34**	**0,38**	**0,98**	**124**	**217**[3]
Sauerkraut, gekocht	**559**	**(181)**	**7,0**	0	(0,3)	0,19	**0,44**	**1,84**	**111**	**163**
Kopfsalat	**700**	**208**	**20,8**	**2,49**	**7,4**	**1,77**	**1,48**	**1,04**	**529**	**246**[3]
Feldsalat	**473**	**176**	**27,0**	**8,79**	**(8,1)**	**0,88**	**1,08**	**(3,38)**	—	**473**[3]
Rhabarber, gekocht	862[2]	216[2]	8,8[2]	0,15	3,3	**0,35**	**0,45**	**0,52**	14	**149**
Rote Bete, gekocht	203	10	**6,5**	0,01	0,5	0,11	0,25	0,30	**227**	**28**
Rettich	**416**	**189**	**10,1**	0,01	0	**0,38**	**0,38**	**0,76**	**202**	0
Möhren, roh	**259**	**114**	**4,2**	12,63[5]	4,4	**0,44**	0,33	**0,59**	50	**45**
Tomaten	212	**303**	**7,6**	**2,07**	**7,4**	**0,86**	**0,62**	**1,51**	**251**	**366**
Spargel, gekocht	**286**	**272**	**13,6**	0,07	—	**0,90**	**1,22**	**0,62**	**195**	**114**
Zwiebeln	175	51	2,8	0,03	1,1	0,19	0,16	**0,76**	24	**48**
Knoblauch	80	—	2,9	0	0,2	**0,42**	0,17	—	—	**29**
Walnußkerne	33	49	0,9	0	**9,4**	0,13	0,05	0,33	15	1
Haselnußkerne	87	60	1,5	0	**10,8**	0,15	0,08	0,17	16	1
Erdnußkerne	25	70	0,9	0	**8,6**	**0,38**	0,06	0,13	14	0
Bierhefe, getrocknet	(39)	—	**15,2**	0	—	**10,40**[4]	**3,27**[4]	**3,82**[4]	**1650**[4]	0
Äpfel	34	31	2,3	0,04	2,7	0,17	0,15	0,22	16	**57**
Birnen	48	37	1,2	0,03	2,0	0,16	0,18	0,07	26	**22**
Bananen	23	96	1,4	0,10	1,2	0,12	0,15	**0,99**	45	**33**
Sauerkirschen	(35)	35	2,7	0,22	1,1	0,22	0,27	0,18	26	**53**
Erdbeeren	188	**109**	**6,9**	0,06	1,6	0,22	0,39	0,43	**122**	**463**
Himbeeren	**266**	**200**	**6,7**	0,09	**9,3**	0,15	0,33	**0,50**	—	**166**
Johannisbeeren, schwarz	194	72	**5,5**	0,10	4,2	0,22	0,19	0,34	—	**748**
Aprikosen	79	45	3,2	**1,47**	2,5	0,20	0,26	0,35	11	**46**
Grapefruits	115	64	2,2	0,02	1,7	0,31	0,15	0,18	**85**	**281**
Apfelsinen	208	69	2,0	0,07	1,2	**0,39**	0,21	0,25	**160**	**248**
Kiwi	184	**115**	3,9	**0,30**	—	0,08	0,24	—	—	**524**
Cola-Getränke	22	6	—	0	0	0	0	0	0	0
Apfelsaft, Handelsware	39	24	1,5	0,04	0,1	0,11	0,14	0,28	16	8
Orangensaft, frisch	63	69	1,1	0,07	—	**0,54**	0,17	0,29	**140**	**308**
Johannisbeersaft, Handelsware	74	—	1,5	0,02	—	0,02	0,01	0	0	149
Traubensaft	48	33	1,6	0	—	0,12	0,06	0,08	5	6
Vollbier, hell	21	37	0,1	0	0	0,02	0,16	0,27	20	0
pasteuris. Trinkmilch	**450**	45	0,2	0,12	0,2	0,14	**0,67**	0,17	(10)	6
Joghurt, 3,5% Fett	**425**	43	0,2	0,11	0,3	0,13	**0,64**	0,16	17	4

NÄHRSTOFFDICHTE AUSGEWÄHLTER LEBENSMITTEL

Kritische Nährstoffe in Milligramm = mg, bezogen auf MJ = Megajoule = 1000 Kilojoule
Fettdruck: Günstige Nährstoffquellen

Lebensmittel (Ist-Nährstoffdichte)	Calcium (mg/MJ)	Magnesium (mg/MJ)	Eisen (mg/MJ)	Vit. A (mg-Äq.* /MJ)	Vit. E mg-Äq.** /MJ)	Thiamin (mg/MJ)	Riboflavin (mg/MJ)	Vit. B_6 (mg/MJ)	Folsäure (µg-Äq.*** /MJ)	Vit. C (mg/MJ)
Buttermilch	**746**	**110**	0,7	0,04	0,3	0,23	**1,09**	0,27	17	4
Kakaogetränk auf Magermilchbasis	507	58	0,7	0	0,1	0,16	**0,70**	0,21	12	5
Quark, Magerstufe	**291**	38	1,3	0,01	0	0,14	**0,95**	0,32	29	0
Camembert, 50% Fett i. Tr.	**389**	11	0,1	**0,32**	0,4	0,03	**0,43**	0,18	22	0
Limburgerkäse, 20% Fett i. Tr.	**648**	50	0,5	0,06	—	0,04	**0,44**	0,11	37	0
Roquefortkäse	**439**	20	0,4	0,21	—	0,03	**0,39**	0,08	32	0
Eiscreme	169	8	0,2	0,16	—	0,05	0,30	—	—	0
Schokolade, milchfrei	32	51	1,6	—	1,5	0,04	0,04	0,01	0	0
Vollmilchschokolade	104	50	1,5	0,01	1,4	0,04	0,19	0,02	0	0
Milchschnitte	54	13	0,5	0,02	—	0,48[1]	0,86[1]	0,50[1]	—	—
Nuß-Nougat-Creme	60	—	1,4	—	3,7	—	0,09	0,06	—	—
Blütenhonig	4	4	1,0	0	0	0	0,04	—	—	2
Zucker	0	0	0,2	0	0	0	0	0	0	0
Zucker, braun	35	9	(2,8)	0	—	0,01	0,01	—	—	1
Hühnerei	84	18	3,1	0,33	1,5	0,15	0,46	0,18	52	0
Schweinekotelett, gebraten	11	23	**1,7**[6]	0	0,7	**0,60**	0,18	0,44	2	0
Rinderfilet, gebraten	5	27	**5,9**[6]	0	1,4	0,15	0,24	**0,88**	**19**	0
Rinderleber, gebraten[7]	12	30	**12,5**[6]	**11,70**	1,2	**0,39**	**4,80**	**1,12**	**260**	**45**
Kalbsniere, gebacken[7]	18	33	**20,8**[6]	**0,38**	0,4	**0,50**	**4,27**	**0,82**	**73**	17
Frankfurter Würstchen	7	—	**1,6**[6]	0	—	0,16	0,17	0,13	—	0
Blutwurst	4	4	**3,8**[6]	0	—	0,04	0,07	—	—	0
Schweineschinken, gekocht	17	28	**2,7**[6]	0	—	**0,70**	0,24	0,42	6	0
Brathuhn	21	64	**3,1**[6]	0,02	0,2	0,14	0,28	**0,86**	10	0
Hering, geräuchert	36	33	**1,1**[6]	0,03	1,7	0,04	0,26	**0,52**	3	0
Heilbutt, Filet, gekocht	31	63	**1,2**[6]	0,07	1,9	0,13	0,14	**0,75**	17	0
Schellfisch, geräuchert	48	61	**2,4**	0	—	0,12	0,24	—	—	0
Brathering	38	—	**1,2**	0,02	—	0,01	0,14	—	—	0
Ölsardinen	**345**	—	**2,8**	0,06	1,8	0,04	0,31	0,23	17	0
Butter	4	1	0	0,21	0,7	0	0,01	0	0	0
Margarine	3	0	0	0,20	**6,8**	0	0	0	0	0
Olivenöl	0	1	0	0,03	3,7	0	0	0	0	0
Weizenkeimöl	0	0	0	0	**40,6**	0	0	0	0	0
Kokosfett	0	0	0	0	1,5	0	0	0	0	0

* 1 µg-Retinol-Äquivalent = 6 µg β-Carotin = 12 µg andere Provitamin A-Carotinoide
** 1 mg D-α-Tocopheroläquivalent = 2,0 µg β-Tocopherol = 4,0 mg γ-Tocopherol = 1,49 D,L-α-Tocopherylacetat (1 I.E.)
*** 1 µg-freie Folsäure-Äquivalent = 5 µg konjugierte Folsäure
— = keine Analysenwerte
1 Mit Zusätzen von Thiamin, Riboflavin, Vitamin B_6 und Folsäure
2 Calcium und Eisen schwer resorbierbar durch hohen Oxalsäuregehalt
3 Frischwaren und Konserven — hohe Verluste beim Lagern von unbehandelten Grüngemüsen
4 Besonders große Schwankungsbreiten
5 Carotin nur bei Homogenisieren verwertbar
6 Eisen besonders gut resorbierbar
7 Innereien sollten aufgrund der Schadstoffbelastung nur noch 1—2mal im Monat verzehrt werden

Kübler, W.: Nährstoffdichte — Grundlagen und Anwendung in der Ernährungspraxis, in: AID-Verbraucherdienst 31 (1986) Heft 3, S. 47—53.

GETREIDE UND GETREIDEERZEUGNISSE

Mit welchen Erzeugnissen wir uns besonders gut versorgen können, hängt davon ab, welche Bestandteile des Korns in dem jeweiligen Lebensmittel vorliegen. Nehmen wir daher das Getreidekorn einmal etwas genauer unter die Lupe!

Das Angebot an Inhaltsstoffen im Getreidekorn ist — wie ersichtlich — so vielfältig, daß Getreide nur geringer Ergänzungen durch andere Lebensmittel (z.B. Milch und frisches Obst) bedarf, um eine vollwertige Mahlzeit zu ergeben. Doch *nur,* wenn dasganze Korn genutzt wird, erhalten wir dessen hohen Nährwert.

Am deutlichsten wird dies beim Brot: Bevorzugen wir helle Brotsorten, so erhalten

QUERSCHNITT DURCH EIN WEIZENKORN

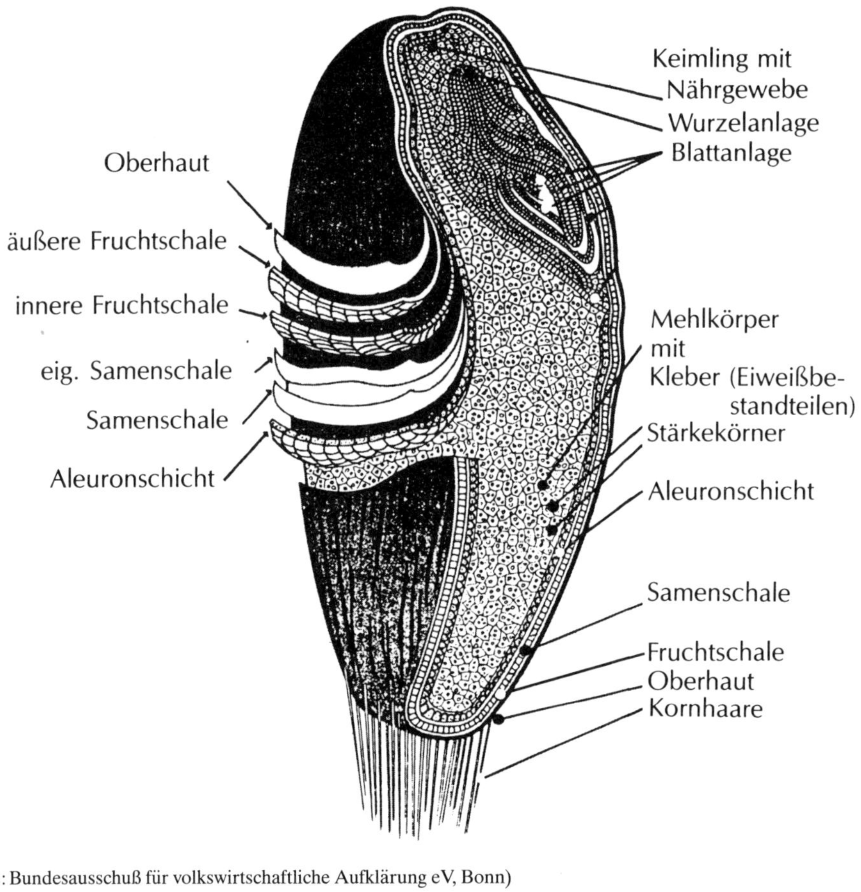

(Quelle: Bundesausschuß für volkswirtschaftliche Aufklärung eV, Bonn)

Dunklere Mehle bevorzugen.

wir vom Getreidekorn nur den weißen Mehlkörper, der jedoch arm an wichtigen Begleitnährstoffen wie B-Vitaminen und Mineralstoffen sowie Ballaststoffen ist.
Werden bei der Verarbeitung des Getreidekorns aber auch die Schalen- und Keimanteile verwendet, so wird das Brot dunkler und wertvoller.
Für den Ernährungswert von Getreidemahlprodukten gibt es zwei wichtige Indizien:

TYPENZAHL UND AUSMAHLUNGSGRAD

Das erste Merkmal, nachdem man sich bereits beim Einkauf richten kann, ist die Typenzahl (auf der Tüte).
Angeboten werden im Lebensmittelhandel hauptsächlich Weizenmehle der Typen 405 und 550 sowie Roggenmehle der Type 1150. Es gibt aber auch Weizenmehl der Type 1700 und Roggenmehl der Type 1800.
Was sagen diese Zahlen aus?
Die Type 405 bedeutet, daß in 100 g dieses Mehles 405 mg Mineralstoffe enthalten sind. Der Mineralstoffgehalt deutet wiederum darauf hin, wieviel wertvolle Randschichten und Keimanteile im Mahlprodukt vorhanden sind.
Je höher diese Typenzahl ist, desto wertvoller ist dieses Mehl für die Ernährung.
Ebenso erlaubt die Farbe eines Mehles ein Urteil über seine Ausstattung an vorteilhaften Begleitnährstoffen.
Je niedriger der Ausmahlungsgrad, desto heller ist das Mehl. Sein Nährwert ist vorrangig vom Stärke- und Klebergehalt bestimmt (es sind nicht alle Bestandteile des Korns vermahlen). Je höher der Ausmahlungsgrad, desto dunkler ist das Mehl. Sein Nährwert wird durch einen höheren Mineralstoff- und Vitaminanteil sowie Ballaststoffgehalt bestimmt. Gleichzeitig ist die biologische Wertigkeit des Eiweißanteils höher, und es liegt ein wertvoller Fettanteil (Linolsäure) vor.
Dunklere Mehle sind nährstoffreicher; sie werden mit einer hohen Typenzahl gekennzeichnet! Merke:
Niedriger Ausmahlungsgrad = helle Mehlfarbe, hoher Stärkeanteil.
Hoher Ausmahlungsgrad = dunklere Mehlfarbe, höherer Eiweiß-, Mineralstoff-, Ballaststoff- und Vitaminanteil.

BROT — EIN ECKPFEILER UNSERER ERNÄHRUNG

Rund um die Uhr — von morgens bis abends — ist Brot ein schmackhafter Begleiter unserer Mahlzeiten.
Vielfach überwiegen im Brotkorb die hellen Sorten. Dabei wäre bei richtiger Brotauswahl schon viel gewonnen, nämlich eine gute Versorgung mit den ‚kritischen' Nährstoffen, den Vitaminen B_1 und B_6.
Vorwiegend unterscheiden sich Brote durch die verwendeten Rohstoffe (Weizen-, Roggen- oder Mischbrote) und durch die Teigzubereitung (Sauer- und Hefeteig oder gemischte Teigführung).

Sauerteigbrote (vorrangig aus Roggen) schmecken herzhaft und bleiben relativ lange frisch.
Hefebrote (vorrangig aus Weizen) schmekken milder und werden schneller altbacken (d.h. sie trocknen aus).
Sportler sollten in ihrer Basiskost vor allem Vollkornbrotsorten bevorzugen, da sie zur Vitamin B- sowie Elektrolytversorgung beitragen. Zutaten wie Soja, Sesam und Sonnenblumenkerne machen Brot eiweißreicher.

Sportler sollten in ihrer Basiskost vor allem Vollkornbrotsorten bevorzugen, da sie zur Vitamin B- und Elektrolytversorgung beitragen. Soja, Sesam und Sonnenblumenkerne machen Brot eiweißreicher. Am Aktionstag steht allerdings die persönliche Bekömmlichkeit im Vordergrund.

Am Aktionstag steht dagegen die persönliche Bekömmlichkeit im Vordergrund (vgl. unsere Übersicht über geeignete bzw. weniger geeignete Lebensmittel vor dem Sport (Seite 55).
Vor allem sehr frisches und grobes Brot ist für viele — besonders Magenempfindliche — schlechter bekömmlich.
Hier können Knäckebrot, (Vollkorn-)Zwieback und Grahambrot Beschwerden vorbeugen.
Tip: Frisches Brot wird durch Toasten bekömmlicher.
Weitere Backwaren: Zwieback, (Vollkorn-) Kekse, Waffeln, Russisch Brot (besonders fettarmes Gebäck!), Biskuits und Kuchen.
Von der Rezeptur des Brotes unterscheiden sich die anderen Backwaren vor allem durch die Verwendung von Zucker und Fett in unterschiedlichen Mengen.
Dennoch können im Sport bestimmte Kekse und trockene Kuchen durchaus eine sinnvolle Kohlenhydrat-Ergänzungsmahlzeit sein, besonders dann, wenn sie aus Haferflocken und Vollkornmehlen hergestellt sind.
Auf frisches und grobes Brot, fettreiche Sahne- und Cremetorten sowie auf Fettgebackenes (Berliner, Spritzkuchen und Krapfen) sollte an Sporttagen verzichtet werden, da sie nicht von jedem vertragen werden.

ANDERE GETREIDEPRODUKTE

Wir unterscheiden: Ganze Körner, Schrot, Grütze, Graupen, Gries, Flocken und Weizenkeime, aber auch Teigwaren (Nudeln).
Getreideerzeugnisse und auch das wichtige Grundnahrungsmittel „Kartoffeln" standen zeitweise im Ruf, dick zu machen, galten als bloße Sattmacher und wurden, übrigens unberechtigterweise, aus der Küche verdrängt.
Der Vorteil dieser Lebensmittel liegt aber gerade in ihren ausgezeichneten Sättigungseigenschaften, in ihrer leichten Verdaulichkeit und ihrer vielseitigen Verwendbarkeit.
Wir sagen ja heute, daß diese ursprünglichen „Beilagen" einer Mahlzeit mit dem Gemüse zum Hauptbestandteil eines Gerichtes werden sollten.
Das Nährstoffangebot aus vorrangig Stärke wird besonders bei Nährmitteln aus *Vollkorn* durch Vitamine des B-Komplexes sowie wichtige Mineralstoffe (Kalium, Phosphor und Magnesium) ergänzt.
Einige Lebensmittel aus dieser großen Gruppe haben gerade in der Sporternährung einen hohen Stellenwert.

GETREIDEFLOCKEN — im englischen Sprachraum als „cereals" bezeichnet — zählen zu den immer beliebter werdenden Nährmitteln. Hinter dieser Gruppe verbergen sich eine Vielzahl von Produkten, u. a. Cornflakes, Haferflocken, Weizen-, Gerste-, Hirse- und Reisflocken.
Besonders zusammen mit Milchprodukten stellen sie eine gute Basis für das Frühstück oder die Zwischenmahlzeiten von Sportlern dar.
Ein Ausprobieren des vielseitigen Angebots an Getreideflocken sorgt für mehr Abwechslung im Speiseplan.
Besonders Hirseflocken überraschen durch ihren interessanten Geschmack und ihren Mineralstoffreichtum.
Wegen ihrer Beliebtheit und Bedeutung möchten wir zwei Flockenarten näher vorstellen.
Maisflocken oder Cornflakes sind grobgeschrotete Maiskörner, die unter Zusatz von Zuckersirup, Malzextrakt und Salz

gekocht und auf Walzen zu Flocken gequetscht werden. Sie werden knusprig geröstet und zum Teil mit Vitaminen angereichert, so daß sie beinahe den Nährwert von Vollkornflocken erreichen.
Haferflocken zählen wegen ihres Nährwertes und typischen Wohlgeschmacks zu den beliebtesten Nährmitteln. Es gibt wohl kein einzelnes Lebensmittel, das so einstimmige Anerkennung in der Praxis der Sporternährung findet, wie der Hafer.
Im Vergleich zu anderen Getreideflocken weisen Haferflocken einen höheren Eiweiß- und Fettgehalt auf.
Der regelmäßige Verzehr von Haferflocken erbrachte sowohl bei extremen Expeditionsbedingungen als auch im Leistungssport der unterschiedlichsten Disziplinen eine übereinstimmend festgestellte Leistungssteigerung, besseres Durchhaltevermögen, verringerte Ermüdbarkeit sowie eine ausgezeichnete Bekömmlichkeit.
Der Sportler hat die Wahl zwischen:
Großblättrigen Haferflocken, auch als kernige Flocken bezeichnet, zur Herstellung von Müslis.
Kleinblattflocken, aus zerschnittenem Korn, die besonders für Milchsuppen und Haferbrei (Porridge) Verwendung finden.
Haferflocken in leicht löslicher Instantform. Letztere eignen sich besonders gut zur Herstellung von Milch- und Fruchtsaftmixgetränken. Die Zugabe von einem Eßlöffel leicht löslicher Haferflocken nimmt vielen Fruchtsäften die Säure, wovon der „nervöse" Magen manches empfindlichen Sportlers am Aktionstag profitiert.

MÜSLI — DAS IDEALE „SPRUNGBRETT" VOR DEM SPORT

Die Idee des Müslis geht auf den Schweizer Arzt Dr. Bircher-Benner zurück; heute ist diese Speise besonders in Europa verbreitet und gewinnt bei Sportlern zunehmend an Beliebtheit. Müslis kann man aus Getreideschrot oder mit gekeimten Körnern selbst herstellen oder aus verschiedenen Vollkornflocken und Zutaten wie zerkleinerten Nüssen, Trockenfrüchten, Fruchtmusen, Fruchtsäften, frischem Obst je nach Jahreszeit, Honig, Trink- oder Sauermilcherzeugnissen selbst mischen.
Häufigste Zutaten von *industriellen Fertigmüslimischungen* sind verschiedene Getreideflocken, Trockenfrüchte, Fruchtpulver, Nüsse, Krokant, Weizenkeime, Zucker, Honig u a.
Bei Fertigmüslis ist es wichtig, auf den zugesetzten Zucker zu achten. Die Zutatenliste gibt an, welchen „Stellenwert" der Zucker in der Mischung einnimmt. Die Zutatenliste erfolgt in abnehmender Reihenfolge der verwendeten Rohstoffe.
Doch so verschieden die Getreideerzeugnisse auch sind, gemeinsam ist allen, daß sie am besten mit Milch schmecken. Wer die Abwechslung liebt, verwende Buttermilch, Kefir, Dickmilch, Joghurt oder Sauermilch. Ein solches Gericht ist nährstoffreich und läßt sich ohne großen Aufwand schnell und überall zubereiten.

WEIZENKEIME stellen in konzentrierter Form das Wertvollste des gesamten Getreidekorns dar. Sie machen nur 2—3 Prozent des Gewichts eines Getreidekorns aus, enthalten aber eine Fülle lebensnotwendiger und funktionsfördernder Nährstoffe wie: *Linolsäure, essentielle Aminosäuren, Vit-*

amine E und des B-Komplexes und vor allem Kalium, Magnesium und Phosphor.
Der regelmäßige Verzehr von Weizenkeimen sichert eine gezielte Versorgung mit dem für die Herz- und Kreislauffunktion von Sportlern wichtigen *Kalium-Magnesium-Vitamin E-Komplex!*
Weizenkeime werden über fertige Speisen gestreut, schmecken angenehm nußartig und werten vorteilhaft Obstsalate, Fruchtkaltschalen, Pudding und Flammeri, Sauermilchmixgetränke und Quarkspeisen auf.

TEIGWAREN: Ein vor allem bei Jugendlichen beliebtes Getreideprodukt. Mal süß, mal pikant — mit Nudeln lassen sich viele abwechslungsreiche Gerichte herstellen, z. B. Spaghetti bolognese, Nudelsalate oder Nudelauflauf mit Backobst.
Wegen ihres neutralen Geschmacks bringen Nudeln die verschiedenen Soßen am besten zur Geltung.
Teigwaren (Nudeln) gibt es in den vielfältigsten Formen. *Vollkornteigwaren* haben ein günstiges Kohlenhydrat-Vitamin B_1- sowie Mineralstoffverhältnis; sie sind deshalb zu bevorzugen. Nudeln sind fettarm und überdies noch leicht verdaulich bei guten Sättigungseigenschaften. Dies unterstreicht ihre Bedeutung in der Kost von Ausdauersportlern.

REIS: Ob in Suppen, Aufläufen, Risotto, Süßspeisen, Salaten: Reis läßt sich vielfältig zubereiten. Er ist ein wichtiger Kohlenhydratträger in der Kost des Sportlers, *ist er jedoch „poliert", fehlen wichtige Vitamine und Mineralstoffe!*
Das Angebot umfaßt:
Nach dem Grad der Bearbeitung:
Vollkornreis bzw. brauner Reis (vitamin- und mineralstoffreich!),
Weißer Reis / Weißreis / geschälter bzw. polierter Reis.
Nach den Sorten:
Langkornreis / Patnareis,
Rundkornreis / Milchreis.
Nach der Aufbereitungsweise:
Parboiled Reis (durch Spezialverfahren bleiben teilweise Vitamine und Mineralstoffe erhalten),
Schnellkochreis,
Kochbeutelreis (bequemste Zubereitung; gibt es auch als Vollkornreis bzw. als Parboiled Reis!),
Fertigreis, z. B. in Konserven,
Puffreis.
Praktischer Hinweis: Besonders nährwerterhaltend und energiesparend kann Reis gegart werden, wenn man ihn mit der doppelten Menge heißen, leichtgesalzenen Wassers *bei geringer Hitze im geschlossenen Topf* ca. 20 Minuten — Vollkornreis ca. 30—40 Minuten — quellen läßt.
Unsere stärkehaltigen Grundnahrungsmittel Nudeln, Reis und Kartoffeln gelten in Form von Beilagen zu Fleisch, Fisch, Eiern und Gemüsen als unentbehrliche Begleiter einer Hauptmahlzeit. Wir möchten dieses Verhältnis, zumindest was die Ernährungserfordernisse zur Vorbereitung einer sportlichen Ausdaueraktion betrifft, mengenmäßig aber eher umgekehrt sehen. Fleisch, Fisch, Eier sollten die eiweißhaltigen Beilagen zur größeren Portion Nudeln, Reis oder Kartoffeln sein!

KARTOFFELN

Ein hochwertiges Grundnahrungsmittel für den Sportler

Die Kartoffel ist nach wie vor ein typischer Begleiter der Mahlzeit in Deutschland. In vielen Haushalten finden wir sie vorrangig als einfache Salzkartoffel auf dem Tisch. Eigentlich schade, denn als Pellkartoffel ist sie viel wertvoller. Außerdem kann man viele Gerichte daraus herstellen, wie Cremesuppen, Pürees, Klöße, Eintopfgerichte, Aufläufe und Salate.
Kartoffeln haben viel zu bieten:
- Stärkekohlenhydrate
- praktisch kein Fett
- zwar nicht viel, dafür aber ein biologisch hochwertiges Eiweiß
- Vitamine C, B_1 und B_2
- Kalium, Magnesium und Eisen.

Damit in Kartoffeln aber bei der Zubereitung diese für den Sportler wichtigen Nährwerte möglichst gut erhalten bleiben, sollte man folgende Grundregeln beachten:
- Kartoffeln als Pell- oder Folienkartoffeln zubereiten! Sie verlieren weniger Nährstoffe als geschälte, in Wasser gekochte sog. Salzkartoffeln.
- Kartoffeln sollten mit möglichst wenig Wasser gegart werden und weder vor dem Garen unnötig lange in Wasser liegen bleiben, noch nach dem Garen lange warmgehalten werden!

Auf Zubereitungen, bei denen viel Fett eingesetzt wird, z. B. Bratkartoffeln, Kartoffelpuffer (Reibekuchen) und Pommes frites, sollten Sportler am Aktionstag möglichst verzichten, vor allem wenn man die Qualität und Sorgfalt der Zubereitung nicht kennt.
Übrigens: 100 g Kartoffelchips können bis zu 40 g Fett enthalten!

GEMÜSE

Ein vollständiges Essen ist ohne Gemüse und knackige Salate kaum denkbar.
Dank der angebotenen Vielfalt an Gemüsen ist es ein leichtes, abwechslungsreich zu kochen.
Beim Einkauf ist auf Frische zu achten, denn angewelktes Gemüse hat bereits Nähr- und Geschmackswert verloren. Bei knappem Angebot frischer Gemüse sind tiefgefrorene Gemüse zu bevorzugen, da das Tiefgefrieren die nährstoffschonendste Methode zur Haltbarmachung ist.
Alle Gemüse sind mineralstoff-, vitamin- und ballaststoffhaltig.
Die Aromastoffe des Gemüses wirken erfrischend und geschmacksanregend. Der hohe Wasseranteil trägt ebenso wie bei den Obstarten zur Deckung des Flüssigkeitsbedarfs von Sportlern bei. Das Wasser-Elektrolytverhältnis (speziell Kalium, Magnesium und Phosphat) ist sehr günstig.

Tips für die Küche:

- Gemüse schmeckt noch besser, wenn es nicht in Mehlschwitzen untergeht, sondern wenn es nach dem Garen — bevor es auf den Tisch kommt — in wenig Butter oder Margarine geschwenkt wird.
- Für Salatsoßen ist Mayonnaise keineswegs obligatorisch! Kalorienärmer und ebenso schmackhaft sind Soßen aus Sauermilch oder saurer Sahne oder Öl und Essig oder Zitrone. Die Marinaden werden zuerst fertiggestellt und dann über die zerkleinerte Rohkost gegeben und sofort vermischt. So wird Braunwerden und Vitaminverlusten vorgebeugt. Rohkost möglichst kurz vor dem Essen herstellen!

Frischkost erfordert besondere Sorgfalt bei der Küchenhygiene. Die Gefahr von Darminfektionen geht am ehesten auf das Konto nicht sorgfältig gewaschener Rohgemüse.
Ist die Qualität der Nahrungszubereitung zweifelhaft, z. B. beim Besuch von Gaststätten in südlichen und tropischen Ländern, so sollte der Sportler lieber auf eine Rohkost verzichten. Oft ist es ja bereits das zum Waschen der Gemüse benutzte Leitungswasser, das der Gast in fremden Ländern nicht verträgt!
Nichts kann die körperliche Leistung so schnell abbauen wie ein wasser- und mineralstoffentziehender Durchfall!

HÜLSENFRÜCHTE

Erbsen, Bohnen, Linsen und Sojabohnen ragen aufgrund ihres höheren Gehaltes an energieliefernden Nährstoffen (Eiweiße, Fette und Kohlenhydrate) deutlich aus der Gruppe der Gemüse heraus.
Im Lebensmittelhandel fallen unter diese Gruppe nur die reifen lufttrockenen Samen der Erbsen, Bohnen und Linsen. Wegen ihrer blähenden Eigenschaften sind Hülsenfrüchte vor dem Sport nicht zu empfehlen. In der Basisernährung braucht man deshalb jedoch keineswegs auf ein leckeres Eintopfgericht zu verzichten.
Hinweis: Die besten pflanzlichen Eiweißlieferanten sind die Sojabohnen, erhältlich (im Reformhaus) als Sojamehle, geröstete Sojakerne, sojaeiweißhaltige Proteinkonzentrate, Sojamilch, Sojabrote sowie wohlschmeckende Sojapasteten und Tofu — ein quarkähnliches Erzeugnis aus Sojamilch.

OBST

Obst ist nicht nur schmackhaft, sondern auch eine wichtige Quelle lebensnotwendiger Vitamine und Mineralstoffe (vor allem Kalium!) sowie energieliefernder Zuckerstoffe. Die Fruchtsäuren und andere aromatische Verbindungen des Obstes sind erfrischend, belebend und appetitanregend. Sein hoher Wassergehalt macht es auch zum wohlschmeckenden Durstlöscher, z. B. auf längeren Wandertouren. Obst ist besonders geeignet als Zwischenmahlzeit.
Für den Verzehr von frischem Obst gelten dieselben strengen Anforderungen an die Einhaltung von Hygiene wie bei Gemüsen. Auf Reisen ist es ratsam, die Obstsorten zu bevorzugen, die geschält werden müssen.
Tip: Eine besonders preiswerte und geeignete Kalium- und Stärkequelle sind Bananen und Trockenfrüchte.

TROCKENOBST

Das Trocknen von Früchten ist eine der ältesten und natürlichsten Methoden zur Haltbarmachung, wobei der hohe Wassergehalt, der für den raschen Verderb von Frischobst verantwortlich ist, von über 90% auf 10—12% gesenkt wird.
Dies geschieht durch Trocknen an der Sonne oder in Dörrkammern. Zur Erhaltung der hellen Farbe werden bestimmte Trockenfrüchte (z.B. Apfelringe, Rosinen und Aprikosen) geschwefelt, was aber mehr einen kosmetischen Effekt für das Auge des Konsumenten bewirkt! Man kann Trockenobst auch ungeschwefelt bekommen.
Im wesentlichen erreicht man durch das Trocknen eine Konzentration der Nährstoffe: Fruchtzucker, Traubenzucker, Mineralstoffe (vor allem Kalium!), bestimmte Vit-

amine, z. B. Provitamin A sowie Fruchtsäuren und Aromastoffe.
Trockenfrüchte sind wertvolle Süßigkeiten. Ihr konzentrierter Zuckeranteil bleibt nicht isoliert wie bei reinen kristallinen Zuckern, sondern im natürlichen Verbund mit den erwähnten wertvollen Begleitstoffen. Sie eignen sich als Zwischenverpflegung im Sport und auf längeren Touren. Trinken kann man dazu heiße oder kalte Teegetränke.
Getrocknete Bananen, Datteln und Aprikosen eignen sich auch gut zur Herstellung von Früchtebroten (besonders kohlenhydrat- und kaliumreicher Proviant für längere Skiwanderungen und Bergtouren).
Damit vergleichbar sind sogenannte Fruchtschnitten, die in Riegelform abgepackt besonders praktisch für Zwischenmahlzeiten im Sport und für unterwegs sind.
Mit zerkleinerten eingeweichten Trockenfrüchten kann man auch Müslis süßen und damit auf Zucker verzichten.

NÜSSE & CO.

Auch bei einer vollwertigen Basisernährung, die ja schon einen hohen Fettanteil enthält, bilden (geringe) Zulagen von Nüssen zum Müsli, im Fruchtsalat, im Gebäck, im sogenannten Studentenfutter sowie in Früchtebroten eine wertvolle Ergänzung und Bereicherung mit Vitaminen des B-Komplexes und Mineralstoffen, vor allem Magnesium (!) und Eisen.
Gleichermaßen nützlich: Sonnenblumenkerne und Sesamsamen. Ihr kernig-nussiger Geschmack sorgt in vielen Müslis, Quarkspeisen und Broten für Abwechslung.

„DIE SÜSSEN SACHEN"

Seit jeher war es ein Bestreben des Menschen, das Bedürfnis nach etwas „Süßem" zu befriedigen. Eine Prise Zucker macht viele Speisen erst aromatisch. Die ersten zuckerreichen Lebensmittel waren der Honig und verschiedene süße Früchte. Zucker war zur Zeit seiner „Entdeckung" ein begehrtes Gewürz und ähnlich knapp und teuer wie früher Salz und pflanzliche Gewürze aus Übersee.
Erst die moderne Lebensmittelindustrie machte Zucker für alle unbegrenzt verfügbar. Heute sprechen wir bereits von einem Mißbrauch von Zucker und vielen Süßigkeiten. Unsere Ernährung ist u. a. durch die beiden Merkmale „zu viel" und „zu süß" gekennzeichnet. Noch deutlicher wird dies, wenn man sagt: „Wir essen zu viel ‚leere' Süße und zu wenig ‚gehaltvolle' Stärke."
Zucker und Süßigkeiten sind im Vergleich mit (Vollkorn-)Brot, Kartoffeln und anderen Stärketrägern arm an Vitaminen, Mineralstoffen und Ballaststoffen. Deshalb gilt auch in der Ernährung des Sportlers die Empfehlung: weniger Zucker und Zuckergesüßtes. Grundsätzlich möchten wir anregen, den persönlichen Geschmack an *weniger süß* zu gewöhnen. Dies gilt auch für die Verwendung von Honig, Zuckeraustauschstoffen und Süßstoffen.
Worin unterscheiden sich die verschiedenen Süßungsmittel?
Haushaltszucker oder *Raffinadezucker* ist Saccharose, die entweder aus der Zuckerrübe oder dem Zuckerrohr gewonnen wird. Saccharose gibt es als Puderzucker, kristallinen Zucker, Kandiszucker oder in Würfelform. Saccharose hat eine hohe Süßkraft.
Rohrohrzucker oder auch brauner Zucker ist ein nicht raffinierter, d. h. ungereinigter

Zucker. Neben typischen Aromaeigenschaften weist er nur geringe Mengen an Mineralstoffen und Spurenelementen auf.
Traubenzucker oder *Glucose* ist der in der Natur am häufigsten vorkommende Zucker. In der Lebensmittelindustrie wird er aus Stärke gewonnen. Er ist als sogenannte Dextrose im Handel. Seine Süßkraft ist geringer als die von Saccharose.
Fruchtzucker oder *Fructose* ist der süßschmeckende Zucker vieler Früchte (z.B. Äpfel und Birnen). Seine Süßkraft ist höher als die der Saccharose. Er wird mit Mengenbegrenzung ebenso wie der Zuckeralkohol Sorbit in der Ernährung des Diabetikers als Zuckeraustauschstoff verwendet.
Süßstoffe sind die künstlichen Substanzen Saccharin und Cyclamat, die süß schmekken, aber weder Kohlenhydrate noch Energie enthalten. Ein verhältnismäßig neuer Süßstoff ist die Substanz *Aspartam,* die aus süßschmeckenden Eiweißbausteinen besteht und ebenfalls kohlenhydratfrei sowie praktisch kalorienfrei ist.

HONIG

In der täglichen Ernährung benutzen wir Honig sowohl zum Süßen (z.B. von Teegetränken) als auch als Brotaufstrich. Er besteht im wesentlichen aus dem sogenannten Invertzucker (70—80%), einem Gemisch aus Trauben- und Fruchtzucker in wässeriger Lösung, wobei meist der Fruchtzucker überwiegt. Daneben sind einige Mineralstoffe und typische Aromastoffe erwähnenswert.
Je nach Pflanzenart, die für das jeweilige Aroma verantwortlich ist, unterscheidet man Blütenhonig wie Akazien-, Heide-, Klee-, Linden-, Rapshonig usw. aber auch Tannenhonig.

Hinweis für die Praxis:

Es empfiehlt sich wegen der schnellen Resorption von Zuckern aus dem Honig und der unterschiedlichen Verträglichkeit keine größeren Mengen in konzentrierter Form unmittelbar vor oder während eines Wettkampfes aufzunehmen, sondern diese vielmehr auf mehrere kleinere Gaben zu verteilen!
Beispiele dafür sind:
- ein leicht mit Honig gesüßtes Teegetränk oder
- ein Glas Fruchtsaft mit 1 Teelöffel Honig und einem Eßlöffel leicht löslicher Haferflocken oder
- eine Scheibe Knäcke- oder Toastbrot, dünn mit Frischkäse (Quark) bestrichen und darauf ca. 1 Teelöffel Honig.

Die hier genannten Mahlzeiten bieten ca. 30 Minuten vor einem Lauf oder Ballspiel eine natürliche kleine „Energiespritze" mit Kohlenhydraten. Darüber hinaus gibt es andere Süßungsmittel wie Ahornsirup und Fruchtkonzentrate aus Birnen und Äpfeln.

KONFITÜREN, MARMELADEN, GELEES UND OBSTKRAUT

zählen zu den beliebtesten Brotaufstrichen.
Rübenkraut ist der aus gekochten Zuckerrüben abgepreßte Saft, der bis zur Streichfähigkeit eingedickt ist. Es weist einige Mineralstoffe auf und zeichnet sich durch einen typischen kräftig-aromatischen Geschmack aus.
Apfel- und Birnenkraut wird aus den entsprechenden Fruchtsäften durch Eindicken gewonnen.
Der Nährwert von Konfitüren, Marmeladen und Gelees wird u.a. durch den (zuge-

setzten) Zuckergehalt bestimmt (vgl. Angabe auf dem Etikett).
Zur Abwechslung empfehlen wir frisches Obst in Scheiben (z. B. Apfel, Banane, Kiwi) auf ein mit Quark oder Mandelmus bestrichenes Brot.

NUSSMUS-ERZEUGNISSE

Nußmus oder Mandelmus ist eine ideale Ergänzung innerhalb einer vollwertigen Ernährung. Es liefert wertvolle Eiweißbausteine, Mineralstoffe und Fettsäuren. Nußmus eignet sich als Brotaufstrich oder zum Mixen von „gehaltvollen" Flüssigmahlzeiten.
Nuß-Nougat-Creme enthält neben den Nüssen einen Zusatz von Pflanzenfett, Zukker und Kakaopulver.
Diesen Cremes gemeinsam ist der hohe Energiegehalt. Darum sollte auf zusätzliches Aufstrichfett (Butter oder Margarine) verzichtet werden.

KAKAO

Kakao ist der Samen des Kakaobaumes, der sich durch einen hohen Nährwert (Fett **ca. 50%**, Protein und Stärke) auszeichnet. Für die Herstellung genießbarer Kakaoerzeugnisse wird zunächst eine Kakaomasse hergestellt, die Ausgangssubstanz für Kakaopulver, Kakaobutter sowie Schokolade.
Für die Aufbereitung zu Kakaopulver und Trinkschokolade muß der größte Teil des Fettes entfernt werden. Schwach entöltes Kakaopulver enthält mindestens 20% Fett, stark entöltes zwischen 10% und maximal 20% Fett.
Kakaopulver weist einen bedeutenden Magnesiumanteil auf.

Beachte: Die modernen beliebten, leichtlöslichen Instant-Kakaopulver enthalten einen hohen Kristall- und Traubenzuckeranteil **(ca. 80%),** aber nur ca. 20% Kakaopulver. Der Nährwert dieser kakaohaltigen Getränkepulver wird daher überwiegend vom Zuckergehalt bestimmt. Daneben sind einige Mineralstoffe enthalten.
Einige Hersteller reichern ihre Produkte auch mit Vitaminen sowie Soja-, Malz-, Hefe- und Eizusätzen an.

SCHOKOLADE

ab und zu zwischendurch, ja oder nein?

Nicht zuletzt ist Schokolade bei Sportlern deshalb so beliebt, weil sie gut schmeckt, praktisch portionierbar und nahezu überall erhältlich ist. Ähnliches gilt für die mit den unterschiedlichsten Füllungen versehenen Riegelprodukte mit Schokoladenüberzug.
Schokolade wird aus Kakaomasse, Kakaobutter, Zucker, Gewürzen sowie anderen Zutaten wie Milch und Nüssen, hergestellt. Ihr Nährstoffangebot wird vom hohen Zukker- sowie Fettgehalt und einem mittleren Proteinanteil bestimmt.
Schokolade ist vorrangig ein energielieferndes Lebensmittel, das gut bekömmlich ist und länger sättigt als viele andere Süßigkeiten, die nur aus Zuckern bestehen. Durch den Gehalt an Milchfett und Kakaobutter wird nämlich der Zucker aus der Schokolade relativ langsam resorbiert und steht so längerfristig zur Verfügung.
Falls also Schokolade nicht regelmäßiger und ausschließlicher Bestandteil von Zwischenmahlzeiten ist, sehen wir keinen Grund, Sportlern den Genuß von Schokolade völlig zu untersagen. Überhaupt bestehen grundsätzlich keine Einwände gegen

den maßvollen Genuß von Süßigkeiten im Sport, falls die tägliche Basiskost stimmt, d.h. ausgewogen, abwechslungsreich und vollwertig ist.

AUCH MAL EIS ...

... doch dann empfehlen wir Milchspeiseeis, das aufgrund seines hohen Milchgehaltes die Nährwerte dieses wertvollen Lebensmittels in schmackhafter Form bereitstellt.

DIE MILCH MACHT'S!

Ob natur oder gemixt, kalt oder warm, süß, dick, sauer oder fruchtig; Milch ist wertvoll wie kaum ein anderes Lebensmittel zu jeder Stunde und Gelegenheit.
Bereits ein Liter Vollmilch versorgt den Körper eines Normalverbrauchers mit:

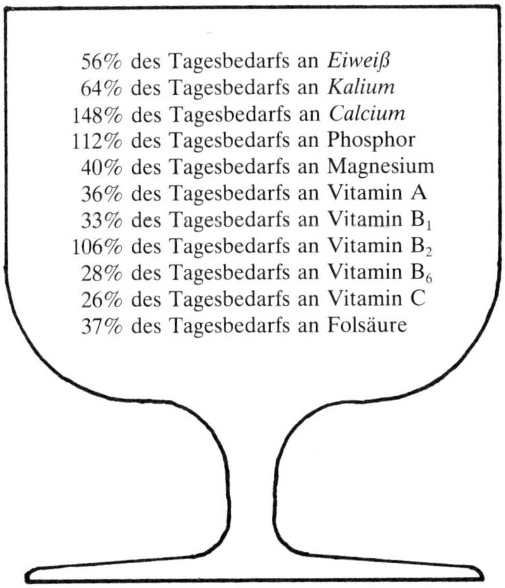

Das eigentliche Plus der Milch bestimmt das hochwertige Milcheiweiß, das gut verträgliche Milchfett sowie der hohe Calcium- und Phosphoranteil.
Zu den Milcherzeugnissen zählen:

TRINKMILCH

Vorzugsmilch ist als einzige nicht behandelte Milchsorte (roh) mit unverändertem Fettgehalt im Handel. Sie darf nur von bestimmten kontrollierten Betrieben abgegeben werden.
Pasteurisierte Milch wird während eines Zeitraumes von 15—40 Sekunden schonend auf 71 bis 74 Grad Celsius erhitzt.
Ultrahocherhitzte Milch wird für 3 bis 10 Sekunden auf 135—150 Grad Celsius erhitzt. Sie ist mindestens sechs Wochen bei Zimmertemperatur haltbar.
Milchmischgetränke enthalten Beimischungen von Kakao, Zucker und Fruchtsubstanzen.

Trinkmilch gibt es in folgenden Fettstufen:
Vollmilch hat einen Fettgehalt von 3,5%,
fettarme (teilentrahmte) Milch einen Fettgehalt zwischen 1,5 und 1,8%,
entrahmte Milch hat einen Fettgehalt von höchstens 0,3%.

SAHNE

Sahne ist in der Küche unentbehrlich. Soßen und Süßspeisen schmecken mit Sahne feiner. Schlagsahne (Schlagobers) auf dem Kuchen ist ein Hochgenuß — doch jedermann weiß, wie sehr das zu B(a)uche schlägt! Doch nicht jede Sahne ist gleich fett. Ob süß, ob sauer — es gibt erhebliche Unterschiede, wie die folgende Tabelle zeigt:

Kondensmilch:	4% oder	7,5% Fett
Kaffeesahne:	mindestens	10% Fett
Saure Sahne:	mindestens	10% Fett
Crème fraîche: (Sauerrahm mit ganz besonders milder Säure:)	mindestens	28% Fett
Schlagsahne:	mindestens	30% Fett

Tip: Bei Gemüsen tritt durch Sahnezugabe der Eigengeschmack besser hervor.

SAUERMILCHERZEUGNISSE

Sauermilch entsteht, wenn man der Vollmilch oder entrahmten Milch Milchsäurebakterien-Kulturen zusetzt.
Dabei wird ein Teil des Milchzuckers in Milchsäure umgewandelt. Das Ergebnis: Sauermilch!
Sie ist flüssig-sämig und gut trinkbar (z.B. als Schwedenmilch) oder stichfest — dann nennt man sie Dickmilch. Es gibt sie in verschiedenen Fettstufen.
Weitere Sauermilchprodukte sind: *Joghurt, Bioghurt und Sanoghurt sowie Kefir.*
Buttermilch ist ebenso ein Sauermilcherzeugnis, das bei der Butterherstellung zurückbleibt. Sie ist ein sehr *bekömmlicher,* fettarmer (nur 1% Fett!) Durstlöscher.

Milchtips:

- Milch möglichst in kleinen Schlucken trinken; gegebenenfalls ein Stück Brot oder Brötchen dazu essen, denn hastiges Milchtrinken belastet, da sie im Magen ‚verklumpt'. Buttermilch und die anderen Sauermilchgetränke sind als Getränke besser verträglich.
- Leichter verdaulich ist Vollmilch mit Haferflocken, oder wenn sie mit stärkehaltigen Bindemitteln als Pudding = Flammeri zubereitet wird!

KÄSE – MILCH IN „GEBALLTER" FORM

Er enthält die wertgebenden Inhaltsstoffe der Milch in größeren Mengen als das Ausgangsprodukt.
Gerne gegessen werden die Sahnigen, da mit dem Fettgehalt im allgemeinen das Aroma und der Wohlgeschmack des Käses gewinnt.
Bekanntlich aber ist *zuviel* Fett an Sporttagen hinderlich. Ein Eiweiß-Fettvergleich lohnt sich daher auch bei Käsen. Entsprechende Informationen gibt die Tabelle auf Seite 82.

Praktische Hinweise:

- Leicht verdaulich und gut bekömmlich sind Frischkäsesorten.
- Nicht zu vergessen: mit Quark läßt sich die morgendliche „Eiweißlücke" am besten und ohne großen Aufwand schließen.
- Hartkäsesorten mit hohem Fettgehalt dagegen liegen im allgemeinen „schwer" im Magen.
- Käse in geriebener Form oder geschmolzen in Suppen oder überbackenen Gerichten sind weniger belastend.

Ob natur oder gemixt, kalt oder warm, süß, dick, sauer oder fruchtig;
Milch ist wertvoll wie kaum ein anderes Lebensmittel zu jeder Stunde und Gelegenheit.

FETT- UND PROTEINGEHALT VERSCHIEDENER KÄSESORTEN

Käsesorte	% Fett i. Tr.	ca. g Fett in 100 g	ca. g Eiweiß in 100 g
Hartkäse wie Emmentaler, Bergkäse, Chester, Appenzeller, Greyerzer, Gruyère, Parmesan	45	28,0	27,0
Schnittkäse wie			
Gouda	45	24,8	25,6
Edamer	40	21,2	26,4
Edamer	30	14,7	26,4
Tilsiter	45	24,8	26,3
Halbfeste Schnittkäse wie			
Butterkäse, Esrom	50	25,0	21,5
Havarti	45	24,0	–
Edelpilzkäse (Roquefort, Gorgonzola, Bleu des Bresse, Danablu)	50	25,0	23,3
Weichkäse wie			
Camembert	45	19,8	21,7
Camembert	30	11,4	23,9
Brie, Romadur	50	23,0	22,6
Limburger	40	16,8	23,0
Limburger	20	8,0	26,0
Münsterkäse	45	23,0	–
Frischkäse wie			
Speisequark, mager	< 10	0,3	17,2
Speisequark, 20%	20	4,4	12,6
Speisequark, 40%	40	10,7	12,0
Schichtkäse	20	5,0	13,0
Rahmfrischkäse	50	23,6	13,4
Doppelrahmfrischkäse	60	26,3	10,4
Sauermilchkäse wie Harzer, Mainzer, Kochkäse	< 10	2,0	30,0
Schmelzkäse	45	24,0	14,0

FLEISCH UND FLEISCHWAREN

Wenn von Nahrungseiweiß gesprochen wird, denken Sportler häufig zunächst einmal an Fleisch.
Fleisch, ein Lieferant von hochwertigem Eiweiß, wichtigen Spurenelementen – vor allem Eisen – sowie den Vitaminen A, B_1, B_2, B_{12} und Niacin, ist bei Vielen eine beliebte Proteinnahrung.
Weil die Wertschätzung dieser Lebensmittelgruppe sehr hoch ist, muß darauf hingewiesen werden, daß ein reichlicher Konsum von Fleisch und Fleischerzeugnissen vielfach mit einer gesteigerten Aufnahme von gesättigten Fettsäuren, Cholesterin und Purinen (Harnsäurebildnern) parallel verläuft.
Zur Bewertung und damit für die Wahl von Fleisch und Fleischwaren im Sport scheint uns vor allem wichtig, auf das Fett-Eiweißverhältnis hinzuweisen, denn der Fettgehalt variiert – wie im folgenden ersichtlich – erheblich bei den einzelnen Tierarten und Teilstücken.

In den folgenden Tabellen sind Fleischteile mit **günstigem Fett-Eiweißverhältnis** hervorgehoben.

In 100 g Rindfleisch sind enthalten:

Teilstück	Eiweiß	Fett	Energie kJ
Oberschale	20,6	4,25	548
Hüfte	17,4	18,50	1059
Roastbeef	16,4	19,20	1063
Filet	19,2	4,41	527
Hohe Rippe	16,7	23,50	1243
Nacken	19,4	6,23	602
Mittelbrust	16,0	21,10	1130
Leber	19,7	3,10	590

In 100 g Kalbfleisch sind enthalten:

Teilstück	Eiweiß	Fett	Energie kJ
Nierenbraten	21,1	3,05	510
Haxe	20,9	1,57	448
Keule	20,7	1,63	444
Brust	18,6	6,28	594
Leber	19,2	4,30	598

In 100 g Schweinefleisch sind enthalten:

Teilstück	Eiweiß	Fett	Energie kJ
Schinken	15,2	31,0	1515
Schulter	14,0	35,0	1653
Kotelett	15,2	30,6	1498
Bauch	11,7	42,0	1883
Eisbein	17,7	22,0	1201
Niere	16,5	5,2	523

In 100 g Lammfleisch sind enthalten:

Teilstück	Eiweiß	Fett	Energie kJ
Schulter	15,6	25,0	1280
Rücken	15,6	25,0	1280
Keule	18,0	18,0	1046
Koteletts	14,9	32,0	1548

In 100 g Geflügelfleisch sind enthalten:

Teilstück	Eiweiß	Fett	Energie kJ
Brathähnchen (gegrillt)	21	5,6	450
Truthahn (Puten-Brust)	24	1	441

WURST

Das Wurstbrot am Abend und das Wurstbrötchen zwischendurch stehen bei vielen hoch im Kurs. Es ist jedoch wichtig, größere Brotmengen/dickere Scheiben Brot zukünftig weniger fettreich zu belegen. Für diejenigen, die ungerne auf Wurst verzichten, gibt es einen einfachen Trick, das Wurstbrot „abzumagern“: bei Wurst — gilt auch für Käsebelag — auf das Streichfett verzichten!

Verminderung des Fettverbrauchs bedeutet aber auch, die Menge der versteckten Fette zu reduzieren. Der Fettgehalt in der Wurst ist allgemein (zu) hoch, wie ein Blick auf die nachfolgende Tabelle zeigt. Daher gilt es, magere Sorten zu bevorzugen und den Verzehr insgesamt einzuschränken. 3—4 Portionen (à 30—40 g) in der Woche sind ein guter Anhaltspunkt.

EIWEISS-FETT-VERHÄLTNIS IN WURSTWAREN

100 g enthalten	Eiweiß in g	Fett in g	kJ
Geflügelwurst, mager	16,2	4,8	453
Schinken, gekocht	19,5	20,6	1105
Schinken, geräuchert	16,9	35,0	1613
Speck, durchwachsen	9,1	65,0	2608
Corned beef (deutsch)	21,7	6,0	592
Bockwurst	12,3	25,3	1163
Cervelatwurst	16,9	43,2	1915
Fleischwurst	11,0	30,0	1319
Weißwurst (Münchener)	11,1	21,7	1010
Frankfurter Würstchen	13,1	20,8	1008
Leberpastete	14,2	28,6	1319
Leberwurst	12,4	41,2	1781
Leberwurst, mager	17,0	21,0	1113
Mortadella	12,4	32,8	1460
Bierschinken	15,5	19,2	987
Bratwurst	12,0	35,0	1570
Jagdwurst	16,0	30,0	1365
Blutwurst	14,0	44,0	1938
Rotzungenwurst	10,0	19,0	890
Teewurst	15,0	52,0	2276
Schwartenmagen (Sülze)	15,0	20,0	1038
Fleischkäse/Leberkäse	12,5	22,6	1071

Fisch hat bei Sportlern wegen seines hohen Nährwertes ein berechtigtes hohes positives Image.

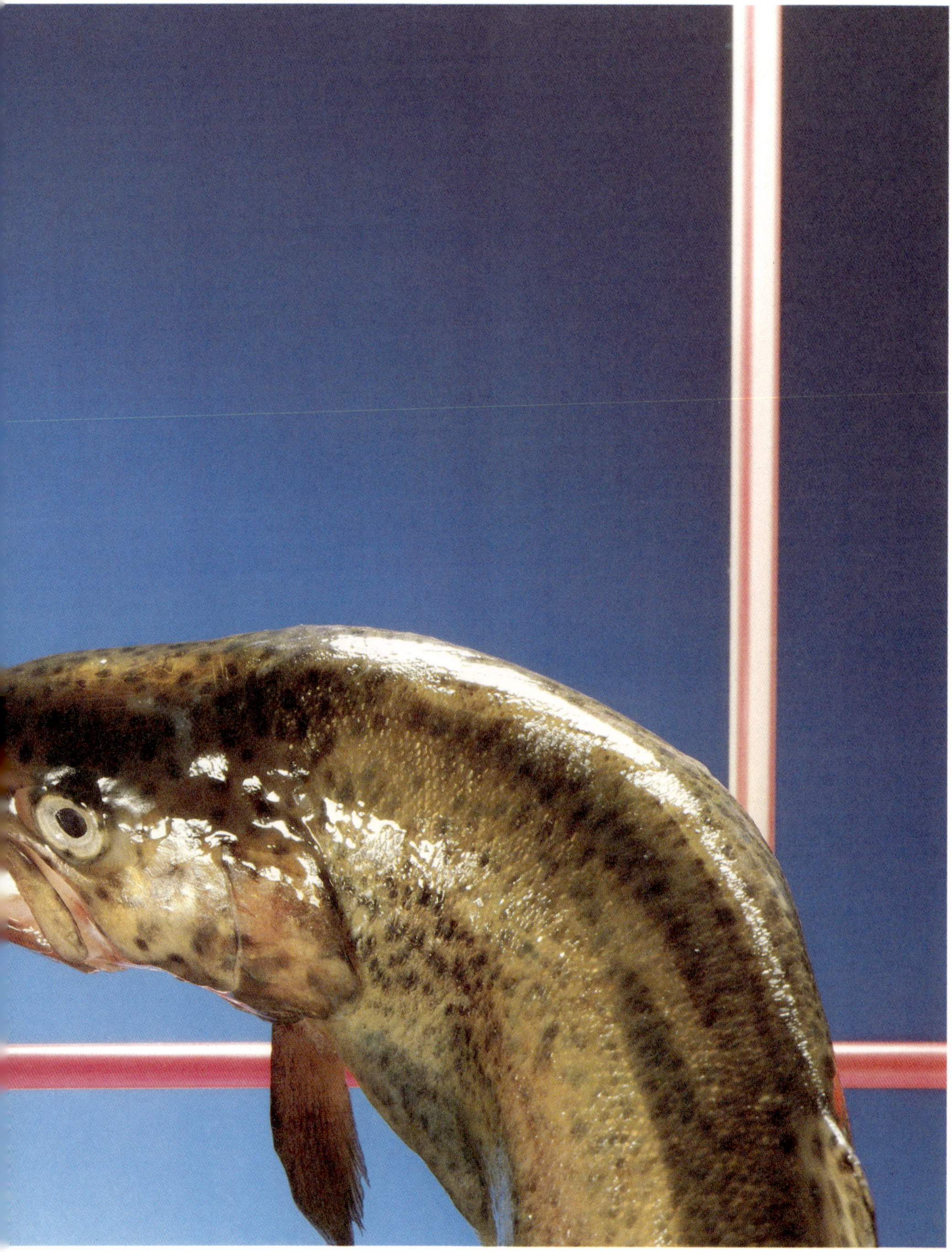

Bei Fisch ist das Eiweiß-Fett-Verhältnis wichtig.

Fisch ist meistens eiweiß- und mineralreich. Überdies ist Fischfleisch arm an Bindegewebe und daher leicht verdaulich.
Aber *nicht alle* im Handel befindlichen Fische sind so fettarm wie beispielsweise Schellfisch und Kabeljau. Darum gilt es hier das gleiche wie bei Fleisch- und Wurstwaren zu beachten — *Qualitätsmaßstab ist das Eiweiß-Fett-Verhältnis!*

EIWEISS-FETT-VERHÄLTNIS IN FISCHEN UND FISCHWAREN

100 g enthalten	Eiweiß in g	Fett in g	kJ
Hering	16,8	18,5	981
Kabeljau	**17,4**	**0,7**	**319**
Schellfisch	**17,9**	**0,1**	**302**
Scholle	**17,1**	**0,8**	**319**
Hummer	15,9	1,9	344
Garnele	16,8	1,4	336
Flußaal	15,0	24,5	1176
Forelle	**19,5**	**2,7**	**428**
Karpfen	**18,0**	**4,8**	**483**
Aal, geräuchert	17,9	26,8	1327
Hering, mariniert	16,5	16,0	882
Hering in Tomatensoße	14,8	15,0	857
Ölsardinen	20,6	24,4	1277
Thunfisch in Öl	23,8	20,9	1189

Je nach Zubereitung kann sich das Fett-Eiweiß-Verhältnis ändern. So ist es leicht einzusehen, daß fette, geräucherte und in Marinaden eingelegte Fische (Thunfisch und Sardinen in Öl sowie Heringe in Soßen) gerade am Aktionstag fehl am Platze sind. Natürlich betrifft dies auch *paniertes* Fischfilet mit Remouladensoße. Doch nichts spricht gegen *gedünstetes* Fischfilet (Kabeljau oder Schellfisch) am Sporttag.

SPEISEFETTE UND MAYONNAISE

TIERISCHE FETTE

Butter: Das Ausgangsprodukt ist süßer oder gesäuerter Rahm. Sie muß als Süß- oder Sauerrahmbutter gekennzeichnet sein. Butter enthält mindestens 82% Milchfett, höchstens 16% Wasser.

PFLANZLICHE FETTE

Speise- und Diätöle gewinnt man aus verschiedenen Samen und Nüssen, beispielsweise Sonnenblumenkernöl, Maiskernöl, Weizenkeimöl, Olivenöl, Saflor- oder Distelöl, Nußöle und Sojaöl.
Kaltgepreßte Pflanzenöle sind Spezialitäten, die neben ihrem hohen Nährwert an essentiellen Fettsäuren noch öltypische Fettbegleitstoffe enthalten.
Mayonnaise besteht aus Pflanzenöl, Eigelb, Essig, Gewürzen. Der Fettgehalt muß insgesamt mindestens 80% betragen.
Margarine: Sie wird vorwiegend aus pflanzlichen Ölen und pflanzlichen Fetten — vorzugsweise ungehärtet — hergestellt. Sie muß mindestens 80% Fett enthalten. 18 bis 20% sind Wasser, Magermilch, Emulgatoren, Geschmacksstoffe und zugelassene Farbstoffe sowie ein gesetzlich vorgeschriebener Zusatz von Stärke.
Plattenfette: Gehärtete, feste, weiße Fette oder Fettgemische mit hohem Siedepunkt. Sie eignen sich besonders gut als Brat- und Fritierfett.

In der Woche drei bis vier Eier.

EIER

Eier sind in der Küche des Sportlers ein äußerst vielseitig einsetzbares Lebensmittel.
Die üblichen Zubereitungsarten sind *gekochte Eier, Rühreier, Spiegeleier, Omeletts* und *Eierpfannkuchen.*
Mit Eigelb lassen sich Suppen, Soßen und Flammeri binden und gleichzeitig aufwerten.
Werden Eier fettarm zubereitet und nicht hart gekocht, sind sie ein leicht verdauliches, nahrhaftes Lebensmittel.
Eier enthalten hochwertiges Eiweiß und leicht verdauliches Fett sowie lebensnotwendige Vitamine und Mineralstoffe. Kohlenhydrate sind praktisch keine vorhanden.
1 Ei enthält 84 kcal bzw. 350 kJ, 7 g Eiweiß, 6 g Fett und 270 mg Cholesterin.
3—4 Eier in der Woche sind ein guter Anhaltspunkt.

GETRÄNKE

Wir haben bereits darauf verwiesen, daß gerade im Sport die Notwendigkeit besteht, sich über die Zusammensetzung und Eignung von Getränken zu informieren.
Uns erscheint es vor allem wichtig, zwei Getränke*gruppen* näher zu besprechen.

1. Aufgußgetränke (Kaffee, Tee, Kakao).
2. Alkoholfreie Getränke (Wasser, Mineralwasser, Fruchtsäfte und Erfrischungsgetränke).

AUFGUSSGETRÄNKE

Sie werden durch Überbrühen mit Wasser oder Milch hergestellt. Aufgrund ihres Gehaltes an bestimmten Alkaloiden (z. B. Coffein) regen sie beim mäßigen Gebrauch in angenehmer Weise Kreislauf und Nervensystem an. Kaffee gibt es sowohl für Magenempfindliche als säurearme Zubereitung als auch für Herz-Kreislaufempfindliche als coffeinfreie Zubereitung.
Tee hat ebenfalls einen dem Coffein ähnlichen Inhaltsstoff, der belebend wirkt, wenn man Tee nur kurz ziehen läßt. Bei längerem Ziehen werden magen- und darmberuhigende Gerbstoffe aus den Teeblättern freigesetzt.
Tee ist als „schwarzer" (fermentierter) und „grüner" (nicht fermentierter) Tee im Handel.
Nicht zu verwechseln sind damit die zahlreichen Kräuter-, Arznei- und Früchtetees. Gerade die letztgenannte Gruppe hat angenehm fruchtige, durstlöschende Eigenschaften.
Tee und Kaffee als Aufguß mit Wasser sind praktisch energiefrei.
Kakao wird dagegen als Substanz beim Aufgießen mit Milch mitverzehrt, d.h. er hat auch einen eigenen Nährwert (vgl. Kapitel „Die süßen Sachen").

ALKOHOLFREIE GETRÄNKE

Mineralwasser ist Wasser aus Mineralquellen.
Stilles Wasser ist kohlensäure*freies* Mineralwasser.
Sodawasser ist künstliches Mineralwasser mit Zusätzen von Mineralsalzen.
Man kann vom Namen „Mineralwasser" nicht gleich auf seine Eignung, Elektrolyte

zu ersetzen, schließen. Wichtig ist der Magnesiumgehalt.
Tafelwasser ist energiefrei. Genauere Angaben über Mineralstoffgehalt und -zusammensetzung findet man oft auf den Flaschenetiketten.
Brausen sind kohlensäurehaltige Erfrischungsgetränke mit künstlichen Essenzen, Farbstoffen und einem hohen Zuckeranteil.
Cola-Limonaden sind Erfrischungsgetränke mit Coffeingehalt und viel Zucker.
Limonaden mit Fruchtsaft haben einen sehr geringen Saftgehalt, viel Wasser und Zukker.
Bei der Auswahl von Getränken aus Früchten empfiehlt es sich, auf die Qualität zu achten, und da kann einem der Name schon viel verraten. Am Beispiel eines Getränkes aus Äpfeln soll dies erklärt werden.
Es gibt drei Kategorien:
Apfelsaft zu 100% aus Frucht.
Apfelnektar, dessen Mindestfruchtsaftgehalt 50% betragen muß. Ansonsten sind Wasser und Zucker zugesetzt.
Apfelsaftgetränk, im strengen Sinne eigentlich ein Erfrischungsgetränk aus Wasser mit einem Apfelsaftanteil von mindestens 30% und Zucker.

Fruchtsaft | Fruchtnektar | Fruchtsaftgetränk

Es lohnt sich also, beim Einkauf von Getränken auf das Etikett und die Kennzeichnung zu achten. Der wertbestimmende Vitamin- und Elektrolytgehalt wird schließlich vom verwendeten Fruchtanteil bestimmt!

Gemüsesaft/Gemüsecocktail: reiner Saft einer oder mehrerer Gemüsesorten mit und ohne Zusatz von Gewürzen (Kochsalz etc.)

Gemüsetrunk: mit 40% Anteil von Gemüsesaft und/oder -mark, Wasser und Geschmacksstoffen

Malzbier: Malz- und traubenzuckerhaltiges Erfrischungsgetränk

NÄHRSTOFFKONZENTRATE FÜR SPORTLER

Die solide (Ernährungs-)Basis für den sportlichen Erfolg ist die tägliche vollwertige Mischkost. Dennoch gibt es im Leistungssport individuelle Gegebenheiten, die eine zusätzliche Nährstoffergänzung erforderlich machen können. Hier kann man beispielsweise die mit dem Arzt abgestimmte Gabe von Eisen- oder Magnesiumpräparaten sowie die Verabreichung von Vitaminen des B-Komplexes anführen.
Folgende Nährstoffkonzentrate für Sportler werden angeboten:
- Proteinkonzentrate
- Kohlenhydratkonzentrate
- Komplette Nährstoffmischungen
- Energie-Mineralstoff-Konzentrate
- Mineralstoffpräparate
- Vitamine
- Vitamin-Mineralstoff-Kombinationen
- sog. biologische Präparate (Nahrungsaufwertungen auf der Basis von Weizenkeimen, Hefen, mikrofein aufgeschlossenen Blütenpollen, Gelée royale u. a.).

Letztgenannte Produkte können eine sinnvolle Ergänzung der Nahrung mit Mineralstoffen und Spurenelementen sein.
Wegen ihrer Bedeutung und dem Interesse, das Sportler an dieser speziellen Produktgruppe zeigen, möchten wir der Vollständigkeit halber zwei wesentliche Gruppen dieser Konzentrate näher erläutern:

MINERALSTOFF-(ELEKTROLYT-) VITAMIN-KOHLENHYDRAT-KOMBINATIONEN

Sie sind entweder trinkfertig oder zum Anreichern von Getränken im Handel.
Ihr Haupteinsatz liegt in einer Auffüllung von Flüssigkeits- und Mineralstoffverlusten bei längerem schweißtreibenden Einsatz. Wichtig ist, daß nicht nur Kochsalz (NaCl) ergänzt wird, *sondern alle Elektrolyte* (vor allem Kalium und Magnesium).
Reine Kochsalztabletten, mit Wasser genommen, bedingen eine Gefahr der Überdosierung und stellen nur eine einseitige Ergänzung dar. In der Regel genügt eine NaCl-Konzentration von ca. 0,2—0,3% pro 100 ml Trinkflüssigkeit!
Beim Kauf von fertigen Präparaten sollte man die Angaben des Herstellers beachten und den Einsatz gegebenenfalls mit einem Fachmann abstimmen.
In vielen Fällen enthalten diese Konzentrate auch Kohlenhydrate — vorteilhaft sind wegen ihrer Magenverträglichkeit sog. *Oligosaccharide.* Sie dienen bei langdauerndem Einsatz als Kohlenhydratergänzung, z. B. in englischen Wochen beim Fußball sowie bei Turnieren im Spielsport, in Spielpausen sowie in der Regenerationsphase.
Allerdings können hochkonzentrierte Gaben von reinem Traubenzucker, zum falschen Zeitpunkt genommen, die „gegenregulatorische“ Phase einer Unterzuckerung hervorrufen und sind daher bei ihrer Anwendung im Sport mit erheblichen Unsicherheiten verbunden (vgl. Kapitel „Kohlenhydrate“).
Sind in einem derartigen Kombinationsprodukt auch Vitamine enthalten, sollte bei Kohlenhydratzufuhr auf ein gleichzeitiges Vitamin B_1-Angebot geachtet werden.

PROTEINKONZENTRATE

Sie wurden bereits im Kapitel „Proteine und Baustoffwechsel“ angesprochen.
Proteinkonzentrate sind vor allem in der Muskelaufbauphase im Krafttraining angezeigt, wenn das Nahrungseiweißangebot erhöht werden soll, ohne das Nahrungsvolumen insgesamt zu stark anzuheben.
Auch dienen sie der Verminderung von gesättigten Fetten, Cholesterin und Harnsäurebildnern, die in vielen tierischen Eiweißträgern vorhanden sind. Vorteilhaft ist es, wenn Proteinkonzentrate gleichzeitig das für den Proteinstoffwechsel wichtige Vitamin B_6 enthalten.

Gründe für den Einsatz von Nährstoffkonzentraten:
- Gezielte Anreicherung eines oder mehrerer für die Sportart oder Sportphase spezifischen Nährstoffe
- Hohe Nährstoffdichte zur Reduzierung des Nahrungsvolumens
- Freiheit von stoffwechselbelastenden Substanzen (Fette, Cholesterin, Purine = Harnsäurebildner)
- Praktischer und vielseitiger Einsatz
- Ergänzung der Kost bei Unsicherheit über Qualität, Zusammensetzung und Zubereitung der Nahrung bei auswärtiger Verpflegung

ERNÄHRUNGSEMPFEHLUNGEN

Was sollte man vor einer sportlichen Aktion essen?

Geeignet		Weniger geeignet
Leichte Vollkornbrotsorten, Knäckebrot, Vollkorn-Toastbrot, Mischbrot, Zwieback, Honigkuchen, einfacher Kuchen wie Marmorkuchen, fettarmes, nicht zu süßes Gebäck, Vollkornkekse.	Brot und Backwaren	Frisches und grobkörniges Brot, Gebäck aus Blätterteig, Pasteten, Mürbeteig, Cremetorten, in Fett Ausgebakkenes wie Spritzkuchen, Berliner; Schmalzgebäck, frisches Hefegebäck, ganz frische Kuchen aller Art, Schoko-Sahnetorten u. ä., Bienenstich.
Vollkornflocken, Müsli, Vollkorn-Teigwaren und -Reis, Weizenkeime.	Nährmittel/ Teigwaren	Alle Nährmittel in fettreicher und stark gewürzter Zubereitung.
Kartoffelpüree, Pellkartoffeln, gekochte Kartoffeln.	Kartoffeln	Röst- und Bratkartoffeln, Chips, Pommes frites, Kartoffelpuffer, Kroketten, Kartoffelsalat.
Junges Gemüse mit geringem Zelluloseanteil, Blattsalate, gedünstetes Gemüse, Gemüse püriert.	Gemüse/ Salate	Grobe Kohlarten (Grünkohl, Sauerkraut, Rotkohl, Wirsing, Rosenkohl u. a.). Hülsenfrüchte wie weiße Bohnen, Chilibohnen, Linsen, reife Erbsen, Broccoli, Paprikaschoten, Steckrüben, Lauchgemüse, Sojabohnen, Schwarzwurzeln, Rettich, Pilze (Ausnahme: Champignons), Meerrettich, Zwiebeln (roh oder in Fett gebräunt), Gurkensalat, Mayonnaisesalate, Schnittbohnen (als Salat oder Gemüse).
Frisches Obst nach persönlicher Bekömmlichkeit wie Bananen, (geschälte) Äpfel und Birnen, Melone, Kiwi, Orange, Erdbeeren u. a. Trockenobst (auch mit geringer Menge an Nüssen), Obstkompott.	Obst Früchte	Unreifes Obst, rohes Steinobst wie Pflaumen, Kirschen; rohe Stachel- und Johannisbeeren, Avocadofrüchte; Rhabarber, getrocknete Früchte wie Rosinen, Feigen, Aprikosen u. ä. unmittelbar vor dem Sport.
Fruchtschnitten, Popcorn, Müsliriegel, Honig und Konfitüre in geringer Menge, gegebenenfalls Energie-Mineralstoff-Mischungen mit Oligosacchariden.	Zucker und Süßigkeiten	Traubenzucker, klebrige Süßigkeiten aller Art, unter anderem Pralinen, Marzipan, Zucker in großen Mengen.
Weichgekochte Eier, Rühreier ohne Fett, gestockte Spiegeleier, Eierstich; Waffeln, fettarm zubereitete Pfannkuchen oder Omeletts (letztere ohne Pilze, aber mit frischen Kräutern).	Eier/ Mehlspeisen	Rohe Eier (z. B. in Milch oder Rotwein verquirlt), Eiersalat mit Mayonnaise.
Trinkmilch, Sauermilchprodukte, Quark, Milchmixgetränke, Kakao, Molke, fettarme Käsesorten. Frischkäsesorten, sofern nicht zu fett, sind gut verträglich!	Milchprodukte	Alle sehr fettreichen und scharf gewürzten Käse (wie Doppelrahmkäse, Roquefort, Gorgonzola); Hartkäsesorten mit hohem Fettgehalt liegen schwer im Magen; Milch nicht unmittelbar vor dem Sport und als Pausengetränk.

ERNÄHRUNGSEMPFEHLUNGEN

Was sollte man vor einer sportlichen Aktion essen?

Geeignet		**Weniger geeignet**
Butter, Pflanzenmargarine.	Brotaufstrich	Griebenschmalz, Schweineschmalz.
Mageres Fleisch (z. B. Rind oder Geflügel), fettarme Wurst, Geflügelfleischsülze, Lachsschinken etc. Anmerkung: Käse ist Wurst als Brotbelag vorzuziehen!	Fleisch und Fleischwaren	Jede Wurst mit hohem Fettgehalt wie Salami, Cervelatwurst, Leber- und Blutwurst, Teewurst, Braunschweiger Mett, stark geräucherter Schinken und stark gepökeltes Kasslerfleisch, grobe Bratwurst, Sülze, marinierter Wurstsalat. Stark gebräuntes, paniertes und fritiertes Fleisch, Frikadellen, Innereien (Ausnahme: Kalbsleber), Speck, Räucherwaren, Enten-, Gänse- und Wildfleisch.
Fettarme Fische wie Schellfisch, Kabeljau, Goldbarsch, Scholle, Forelle, Hecht, Zander und Seezunge (gekocht, gedünstet, gegrillt oder in Folie gegart); frische Krabben. Fisch, sofern fettarm, ist leichter verdaulich als Fleisch!	Fisch	Alle paniert gebackenen bzw. fritierten Fischspeisen; Matjeshering, marinierter Hering, Hering in Soßen, Räucherfisch (Aal, Bückling, Makrele, Schillerlocken), Sardellen, Fischkonserven wie Ölsardinen, Thunfisch und Muscheln in Öl; Seelachs (Lachsersatz) in Öl.
Zum Binden von Soßen oder Suppen eignen sich Instant-Magermilchpulver, Bierhefepulver (keine Backhefe), auch kleine Mengen Vollkornmehl oder Johannisbrotkernmehl. Bratensaft läßt sich gut mit saurer Sahne verfeinern. Salate mit Zitronensaft, vielen Kräutern und etwas Öl oder Sahne bzw. Joghurt anrichten.	Saucen	Fertige Remouladen-Soßen, Mehlschwitze!! Mayonnaise, Sauce Hollandaise u. ä. Sparsam mit der guten Butter, auch bei Gemüsen (wenn überhaupt, immer nach dem Garen zugeben). Merke: Fett zum Essen ist leichter verdaulich als Fett im Essen.
Fettarme Fleisch- oder Gemüsebrühen (Reis- oder Nudeleinlagen); Tomatensuppe (ggf. mit Reiseinlage als Hauptgericht), Kartoffelsuppe.	Suppen	Fette Brühen, Zwiebelsuppe, Eintopfgerichte wie Linsen-, Bohnensuppe (Ausnahme pürierte Erbsensuppe).
Mineralwasser, Tee, Fruchtsäfte, Fruchtsaft-Schorlen, Gemüsesäfte wie Tomaten- oder Karottensaft u. a., Malzbier, Elektrolytgetränke.	Getränke	Süße Limonaden (zumindest nicht am Spieltag!), *Alkohol* jeglicher Art. Anmerkung: Gegen zwei Glas Bier oder einen Schoppen Wein am Vorabend eines sportlichen Wettkampfesist nichts einzuwenden! Starker Bohnenkaffee (insbesondere kurz vor dem Sport).

Bitte stets auf persönliche Verträglichkeit achten!

ERNÄHRUNGSBEDÜRFNISSE BEI VERSCHIEDENEN SPORTARTEN

Neben den Ernährungsphasen im Sport interessieren die besonderen Ernährungsbedürfnisse einzelner Sportarten. Man kann und muß nicht für jede Sportart einen eigenen Ernährungsplan aufstellen. Für die Einteilung nach Sportarten und die Zusammenfassung einzelner Sportarten zu Gruppen interessieren hier vor allem ernährungsmäßige Gemeinsamkeiten. Die einfachste Einteilung ist zunächst die Gegenüberstellung von Ausdauer- und Kraftsportarten. Dazwischen liegen feinere Unterscheidungen: Spielsport, Kraftausdauersport, Schnellkraftsport. Für eine erste Orientierung dient folgende Übericht. Die helle Rastermarkierung symbolisiert die (ausdauer-)energiespendenden Nahrungskohlenhydrate als Ernährungsprinzip. Die dunkle Rastermarkierung symbolisiert die (kraft-)aufbauenden Nahrungsproteine als Ernährungsprinzip; nicht im Sinne von »entweder — oder«, aber mit einer jeweils besonderen Betonung.

SPORTARTENSPEZIFISCHE ERNÄHRUNGSPRINZIPIEN

<table>
<tr><td>AUSDAUER
Langlauf, Radfahren (Freizeitsport), Skilanglauf, Wandern, Eislauf, Tanzen, Schwimmen (Freizeitsport), Flossenschwimmen/Streckentauchen, Ausreiten im Gelände, Segeln (Freizeitsport) Spielsport wie Fußball, Handball, Wasserball, Tennis</td><td>ANTEILIGE ENERGIEBEREITSTELLUNG

55—60% Kohlenhydrate
10—15% Eiweiße
25—30% Fette</td></tr>
<tr><td>KRAFTAUSDAUER
Rudern, Bergsteigen, Triathlon, Radsport (Straße), Schwimmsport (Langstrecke), Ski (alpin), Boxen, Turnierreiten, Regatta-Segeln, Surfen, Bodybuilding, Kampfsportarten</td><td rowspan="3">50—55% Kohlenhydrate
15—20% Eiweiße
25—30% Fette</td></tr>
<tr><td>SCHNELLKRAFT
Turnen, Gymnastik, Kurzstreckenlauf/-schwimmen, Skispringen, Squash, Fechten, leichtathletische Sprungdisziplinen, Eiskunstlauf, Volleyball</td></tr>
<tr><td>KRAFT
Wurf- und Stoßdisziplinen, Gewichtheben</td></tr>
</table>

ERNÄHRUNGSBEDÜRFNISSE BEI VERSCHIEDENEN SPORTARTEN

Für die beiden Hauptgruppen, den Ausdauersport mit 3200 bis 3500 Kilokalorien und den Kraftsport mit ca. 4200 Kilokalorien als täglichem Energiebedarf sind auf den beiden folgenden Seiten Ernährungspläne aufgestellt, an denen sich der Sportler orientieren kann.
Selbstverständlich kann es sich bei diesen Plänen und bei den Rezepten, die im Anschluß folgen, nur um Vorschläge handeln, die der einzelne je nach Sportartengruppe, Leistungsintensität und persönlichen Gegebenheiten abwandeln muß.
Die Pläne richten sich nach folgenden wissenschaftlichen Vorgaben:

AUSDAUERSPORT

3200–3500 Kilokalorien (12 800 bis 14 000 kJ) pro Tag in folgender Aufteilung:

55–60% KH	≈	ca. 500 g Kohlenhydrate
ca. 12% E	≈	ca. 100 g Eiweiß
15–30% F	≈	ca. 100 g Fett.

KRAFTSPORT

Ca. 4200 Kilokalorien (ca. 16 800 kJ) pro Tag in folgender Aufteilung:

50% KH	≈	ca. 550 g Kohlenhydrate
15–20% E	≈	ca. 200 g Eiweiß
30% F	≈	ca. 140 g Fett

Wählen Sie an jeder Querspalte immer nur eine Variante.
Diese Lebensmittel werden nun auf 5 Tagesmahlzeiten verteilt. Folgendes Schema hat sich bewährt, kann aber individuell abgewandelt werden: Jeweils 25% der Tagesenergie zum Frühstück, Mittagessen und Abendbrot. Zwei kleinere (Zwischen-) Mahlzeiten – mit 10% und 15% der Gesamtenergie – machen den Tag komplett.
Bei Berücksichtigung des persönlichen Bedarfs können mit einzelnen Mahlzeiten-Bausteinen auch „neue" Tagespläne zusammengestellt werden. Ebenso lassen sich einzelne Gerichte verwenden und mit eigenen Vorschlägen ergänzen.

AUSDAUERSPORT — TAGESEMPFEHLUNG

Bitte beachten Sie die Hinweise auf Seite 92/93

ca. 240 g Vollkornbrot (7 Scheiben)	oder ca. 140 g Vollkornbrot (4 Scheiben) und 60 g Getreideschrot	oder 100 g Vollkornbrot (3 Scheiben) 80 g Vollkornflocken
ca. 400 g Kartoffeln (5 mittelgroße)	oder 120 g Vollreis	oder 120 g andere Getreidesorten oder Vollkornnudeln
500 g Gemüse (roh od. gekocht) und 150 g Gemüsesaft	oder 350 g Gemüse (roh oder gekocht) 300 g Gemüsesaft	
300 g frisches Obst und 350 g Obstsaft und 100 g Trockenobst	oder 300 g frisches Obst und 700 g Obstsaft und 50 g Trockenobst	oder 700 g Obstsaft und 100 g Trockenobst
500 g Milch oder Sauermilch und 150 g Magerquark	oder 500 g Milch oder Sauermilch und 50 g Magerquark und 50 g Käse 30% F.i.Tr.	oder 250 g Milch oder Sauermilch und 100 g Magerquark und 50 g Käse 30% F.i.Tr.
ca. 200 g fettarmes Fleisch, Geflügel oder Fisch	oder 100 g fettarmes Fleisch, Geflügel oder Fisch und 1–2 Eier	oder 150 g Sojaprodukt oder 50 g Trockensoja und 30 g veget. Paste
30 g Streichfett und 20 g Zubereitungsfett	oder 40 g Streichfett und 10 g Zubereitungsfett	
50 g Honig oder Marmelade kleine Mengen an Zucker	oder 30 g Honig und 20 g Fruchtkonzentrat kleine Mengen an Zucker	
ca. 30 g Nüsse	oder 50 g Vollkornkekse	
evtl. Hefeflocken oder Hefeextrakt	oder evtl. Weizenkeime	

Wählen Sie aus jeder Querspalte immer nur eine Variante.

KRAFTSPORT — TAGESEMPFEHLUNG

Bitte beachten Sie die Hinweise auf Seite 92/93

ca. 240 g Vollkornbrot (7 Scheiben)	oder	ca. 140 g Vollkornbrot (4 Scheiben) und 60 g Getreideschrot	oder	100 g Vollkornbrot (3 Scheiben) 80 g Vollkornflocken
ca. 400 g Kartoffeln (5 mittelgroße)	oder	120 g Vollreis	oder	120 g andere Getreidesorten oder Vollkornnudeln
500 g Gemüse (roh od. gekocht) und 150 g Gemüsesaft	oder	350 g Gemüse (roh oder gekocht) 300 g Gemüsesaft		
300 g frisches Obst und 250 g Obstsaft und 50 g Trockenobst	oder	200 g frisches Obst und 100 g Trockenobst	oder	200 g frisches Obst und 500 g Obstsaft
ca. 1 l Milch oder Sauermilch und 250 g Magerquark	oder	ca. 1 l Milch oder Sauermilch und 100 g Magerquark und ca. 50 g Käse 30% F.i.Tr.	oder	500 g Milch oder Sauermilch und 100 g Magerquark und 100 g Käse 30% F.i.Tr.
ca. 350 g fettarmes Fleisch, Geflügel oder Fisch	oder	150 g fettarmes Fleisch, Geflügel oder Fisch und 2 Eier	oder	250 g Sojaprodukt oder 70 g Trockensoja und 50 g veget. Paste
30—50 g Streichfett und ca. 20 g Zubereitungsfett	oder	20—30 g Streichfett und 30—40 g Zubereitungsfett		
ca. 40 g Honig oder Marmelade kleine Mengen an Zucker	oder	ca. 40 g Honig und Fruchtkonzentrate		
ca. 50 g Nüsse	oder	100 g Vollkornkekse		
evtl. Hefeflocken oder Hefeextrakt	oder	evtl. Weizenkeime		

Wählen Sie aus jeder Querspalte immer nur eine Variante.

NÄHRWERT UND GESCHMACK ERHALTEN

Es gibt einige Grundregeln, die zu beachten sind, denn nicht das, was in der Einkaufstasche, sondern erst das, was auf dem Teller ist, kann tatsächlich der Ernährung dienen. Leider gehen durch eine unzweckmäßige Vor- und Zubereitung im Haushalt oft noch viele Nährstoffe der mit Sorgfalt ausgewählten Lebensmittel verloren.

Nährstoffverluste können durch Einwirkung von Luft, Licht, Wärme und Wasser entstehen. Der Faktor Zeit, mit dem einer oder mehrere dieser Faktoren auf ein Lebensmittel einwirkt, vergrößert diesen Verlust noch.

So mindert bereits das Stehenlassen an der Luft bei zerkleinerten Lebensmitteln wie einer Gemüse- oder Obstrohkost den Gehalt an Vitamin A und C.

Durch Wasser (Wasch- und Kochwasser) wird ein Teil wichtiger Nährstoffe aus den Lebensmitteln herausgelöst (Vitamine B_1, B_2 und C sowie die Mineralstoffe Kalium und Eisen). Man spricht dabei von „Auslaugen“.

Manche Nahrungsmittel müssen gegart werden, damit sie bekömmlicher werden und ihre Inhaltsstoffe besser ausgenutzt werden. Auch entstehen dabei wichtige Aromastoffe. Die Wärme zerstört aber einen Teil der Vitamine B_1 und C. Damit in der Küche solche Nährstoffverluste nicht zu groß werden, sollte man folgende Empfehlungen berücksichtigen:

GRUNDREGELN ZUR VERMEIDUNG VON NÄHRSTOFFVERLUSTEN

- Lebensmittel erst unmittelbar vor dem Verzehr zubereiten.
- Nur das Nötigste beim Putzen und Schälen entfernen.
- Kurz, aber gründlich waschen, und zwar, sofern dies den Eigenschaften der Lebensmittel entspricht, *vor* dem Zerkleinern, z. B. bei Kartoffeln und Kohlrabi.
- Nicht stärker zerkleinern als notwendig und bis zum Verzehr bzw. zur Weiterverarbeitung abdecken.
- Nährstoffschonend garen *(dämpfen, dünsten, in Folie garen)*. Beim Kochen und Schmoren die Kochflüssigkeiten und den Bratensaft mitverwenden.
- Temperatur und Garzeit dem Lebensmittel anpassen.
- Langes Warmhalten von Speisen vermeiden.
- Nicht verzehrte Lebensmittel sofort so kühl wie möglich aufbewahren (Kühlschrank).

Diese Grundregeln lassen sich im Haushalt oft besser realisieren als in Großküchen. Dazu bedarf es praktikabler Rezepte, die dem einzelnen als Anregungen dienen können, wie er Essen und Trinken „sportgerecht“ ausrichten kann.

Hier wird schnell ersichtlich, daß das Wissen um wenige Spezialpräparate oder nur einzelne Lebensmittel (Steaks, Traubenzucker, Salztabletten etc.) nicht ausreichend sein kann, um sich sportartenspezifisch, abwechslungsreich, vollwertig und persönlich zufriedenstellend zu ernähren.

NÄHRWERTVERÄNDERUNG BEI VERSCHIEDENEN GARVERFAHREN*

Technik	Lebensmittel	Geräte	Auswirkung
Dünsten »Garen im eigenen Saft«	zartes Fleisch, Fisch, Gemüse, Obst	gut schließende flache Töpfe, Alu- und andere Folien	schonendes Garverfahren, bekömmliche Speisen, gute Erhaltung des Eigengeschmacks, nur Verluste an hitzeempfindlichen Nährstoffen
Dämpfen	Gemüse, Kartoffeln, Fisch	Dampfdrucktöpfe, gut schließende Töpfe mit Siebeinsatz	schonendes Garverfahren, bekömmliche Speisen, nur Verluste an hitzeempfindlichen Nährstoffen
Backen	Kuchen, Aufläufe, überbackene Gerichte, gebackene Folienkartoffeln	Backofen	Verluste an hitzeempfindlichen Nährstoffen
Grillen	kleine Fleisch- und Fischstücke, Gemüse und Obst	verschiedene Grillgeräte	Garen ohne Fettzugabe möglich, Ausbildung eines typischen Aromas, Verluste an hitzeempfindlichen Nährstoffen
Schmoren	große Fleischstücke, Wildgerichte, Gulasch, gefüllte Paprikaschoten	Edelstahltöpfe und Bratgeschirr	Verluste an hitzeempfindlichen Nährstoffen. Keine Auslaugverluste, da Bratflüssigkeit mitverwendet wird.
Kochen	Teigwaren, Reis, Kartoffeln, Obst, Gemüse, Suppenfleisch	gut schließende Töpfe	Verluste an hitzeempfindlichen Nährstoffen. Gefahr des Auslaugens, wenn Kochwasser weggeschüttet wird. Besser geeignet für Suppen und Brühen.
Braten	Fleisch, Fisch und Kartoffeln	verschiedene Pfannen, Fritiergeräte, und Töpfe	Verluste an hitzeempfindlichen Nährstoffen, durch Fettzugabe erhöhter Energiegehalt und auch Beeinträchtigung der Bekömmlichkeit möglich

* zusammengestellt nach „Richtig garen" (AID), 1980

GUT WÜRZEN

Obwohl der Salzbedarf des Sportlers beim schweißtreibenden Einsatz gegenüber dem des Nichtsportlers erhöht ist, empfiehlt es sich dennoch, in der Küche des Sportlers nicht nur Kochsalz (NaCl) zum Würzen zu verwenden.
Übrigens bedingen die heutigen Verzehrsgewohnheiten ohnehin eine Kochsalzaufnahme, die das empfehlenswerte Maß (5—7 g täglich) um ein Mehrfaches übersteigt (10—15 g). Diese tatsächlich verzehrte Menge deckt bereits den *erhöhten* Bedarf in vielen Sportarten.
Wer nur Salz und Pfeffer als Gewürze kennt, verzichtet auf abwechslungsreiches und gesundheitsförderndes Genießen beim Essen. Vielfach ist jedoch Unsicherheit bei der Frage: „Welches Gewürz paßt zu welcher Speise?“ die Ursache für den spärlichen Einsatz von Gewürzen in der deutschen Küche. Aus diesem Engpaß sollen folgende Würzanregungen heraushelfen:

Anis	— Süßspeisen
Basilikum	— Salat, Gemüse, Fleisch, Kräuteressig
Bohnenkraut	— vegetarische Bratlinge, Gemüse, Pilzgerichte
Borretsch	— grüne Salate, vegetarische Teigmassen
Curry	— Fleisch, Fisch und Reisgerichte
Dill	— Butter, Quark, Salate, helle Saucen
Estragon	— Gemüsebrühen, Ragouts aus Soja, Kräuteressig
Ingwer	— Obstspeisen, Mixgetränke, Rohkost
Kerbel	— Butter, Eierspeisen, Remouladensaucen
Knoblauch	— fast alle Gerichte
Kresse	— Butter, Eier, Fleisch- und Quarkspeisen
Kümmel	— Brot, Quark. Sülze, Kohlgemüse
Lorbeer	— Gemüsebrühe, Suppen, Marinaden, Fleisch- und Fischgerichte
Majoran	— Kartoffelgerichte, vegetarische Bratlinge, Saucen, Tomatengerichte
Meerrettich	— Saucen, Sahne, Salatsaucen
Muskat	— Lebkuchen, Reis-, Kartoffelgerichte, Suppen
Nelken	— Gebäck, Kompott, Marinaden
Paprika	— fast alle Gerichte
Rosmarin	— Tomaten-, Pilz-, Kartoffelgerichte, Saucen und Salate
Safran	— Backwaren, Saucen und Reisgerichte
Salbei	— Eier, Fleisch- und Fischspeisen
Senfkörner	— Marinaden, Salatsaucen, Gemüse
Thymian	— Pasteten, Saucen, Tomatengerichte
Vanille	— Milch- und Sahnespeisen, Eis, Früchte, Gebäck
Zimt	— Obst, Kompott, Süßspeisen

Gewürze haben über den Geschmackswert hinaus noch interessante Extraeffekte. Frische Gewürze wie Petersilie, Zwiebeln und Schnittlauch enthalten Vitamine, Mineralstoffe und Spurenelemente und können so viele Fertiggerichte abrunden und aufwerten. Eine Reihe von Gewürzen sind gleichfalls altbewährte und anerkannte Arzneikräuter. Sie wirken z. B. magen- und nervenstärkend sowie unterstützend auf die Tätigkeit der Verdauungsorgane. Beruhigend für Magen und Darm wirken Anis, Fenchel, Kümmel und Majoran. Appetitanregend (wichtig in der Nachwettkampfernährung) sind Curry, Essig, Ingwer, Senf, Paprika, Pfeffer und Zitrone.

AUGENMASS GENÜGT NICHT IMMER

Deshalb zur einfachen Handhabung ein Maß für alle Fälle:

1 Tee- bzw. Kaffeelöffel	=	5 ml Inhalt
1 Eßlöffel	=	15 ml Inhalt
1 Eßlöffel	=	3 Tee- bzw. Kaffeelöffel
1 Likörglas	=	25 ml Inhalt
1 Tasse randvoll	=	125 ml Inhalt
	=	8 Eßlöffel
1 Wasserglas	=	200 ml Inhalt
1 Teller	=	250 ml = ¼ Liter
1 Teelöffel Honig	=	ca. 10 g

Bei Wasser gilt:
1 l Wasser = 1000 ml = 1000 g = 1 kg

1 Eßl. (gestr.) entspr.	Lebensmittel	1 Teel. (gestr.) entspr.
15 g	Wasser, Milch, Saft, Wein, Bier, Brühe	5 g
12 g	Öl	4 g
20 g	Margarine, Butter	7 g
20 g	Honig	6 g
15 g	Zucker	5 g
5–15 g	Haferflocken, Schmelzflocken	3 g
15 g	Reis	5 g
15 g	Salz	5 g
10 g	Mehl	3 g
15 g	Mayonnaise	5 g
8 g	Milchpulver	2 g
15 g	Joghurt	5 g
6 g	Kakaogetränk (Instant)	2 g
3 g	Kaffee löslich	1 g
15 g	Weizenkeime	5 g

REZEPTE

TEIL 1
Für ausdauerbetonte Sportarten mit
Tagesenergiebedarf ca. 3500 kcal/14 000 kJ

TEIL 2
Für kraftbetonte Sportarten mit
Tagesenergiebedarf ca. 4200 kcal/16 800 kJ

FRÜHSTÜCKSVORSCHLÄGE (AUSDAUER)

mit ca. 670 kcal = 2680 kJ 130 g KH, 22 g E, 25 g F

1 Müsli

Zutaten:

50 g	Getreideschrot
250 g	Sauermilch 3,5% Fett
30 g	Rosinen
200 g	Obst gemischt
20 g	Honig
20 g	grob gehackte Nüsse
	Dazu Kaffee oder Tee mit
1 EL	Sahne oder Milch

Zubereitung:

Getreideschrot in wenig Sauermilch einige Stunden einweichen. Dann den Rest der Milch, die Sahne und die Rosinen untermengen. Das Obst reiben oder schneiden, sofort zugeben, vermischen und mit Honig abschmecken. Mit grob gehackten Nüssen bestreuen.

Das Müsli kann auch mit Frischmilch und statt Schrot mit Getreideflocken oder gekeimtem Getreide zubereitet werden.

Beachten Sie bitte den Hinweis auf Seite 103.

2 Porridge

Zutaten:

50 g	Vollkornflocken
250 ml	Vollmilch
	Schale einer unbehandelten
	Zitrone
100 g	Trockenpflaumen
1 Prise	Meersalz
2–3 EL	kalte Sahne. Dazu
2	Vollkornzwiebacke
	Dazu Kaffee oder Tee mit Milch

Zubereitung:

Flocken in die kalte Milch einrühren und zum Kochen bringen. Bei kleinster Energiezufuhr ca. 15–20 Minuten ausquellen lassen. Zitronenschale und die geschnittenen Trockenpflaumen und Salz nach 5 Minuten zugeben.

In einen tiefen Teller geben und mit kalter Sahne begießen. Der Porridge kann auch mit geriebenem Apfel angerichtet werden.

3 Mit Quark und Käse

Zutaten:

1 Glas	Orangensaft (ca. 200 ml) mit
1 EL	Instantflocken
3 Sch.	Vollkornbrot (ca. 120—150 g)
20 g	Butter oder ungehärtete Pflanzenmargarine
50 g	Quark 10% Fett i.Tr.
30 g	Honig oder Konfitüre
1 Sch.	Schnittkäse (ca. 30 g)
1	Tomate
	Dazu Kaffee oder Tee mit Milch

4 Mit Spiegelei

Zutaten:

1 Glas	Gemüsesaft (ca. 150 ml) mit frischen Kräutern
3 Sch.	Vollkorntoast (ca. 80—100 g)
10 g	Butter oder ungehärtete Pflanzenmargarine
1—2	Spiegeleier in wenig Fett gebraten
1 Becher	Sauermilch 1,5% Fett mit
1 EL	Honig und
1	geriebener Apfel. Dazu
3	Vollkornkekse
	Dazu Kaffee oder Tee mit Milch

5 Schnellmüsli

Zutaten:

3 EL	Fertigmüsli
1	geriebener Apfel
1 Glas	Milch und
1 EL	Honig miteinander verrühren
	Dazu
1	Grahambrötchen mit
10 g	Butter
30 g	fettarme Wurst oder Käse
20 g	Honig oder Konfitüre
	Dazu Kaffee oder Tee mit Milch

Hinweis:

Die Müsli- und Porridgeportionen können natürlich auch verkleinert werden, um noch die Möglichkeit für beispielsweise 1 Brötchen, 1 Scheibe Vollkornbrot, 2 Scheiben Knäckebrot mit magerem Aufstrich offen zu lassen.

mit ca. 350 kcal = 1400 kJ 55 g KH, 10 g E, 12 g F

1 Schnellmüsli

Zutaten:

3 EL	Fertigmüsli
150–200 ml	Milch 3,5% Fett
1	mittelgroßer Apfel
	(gerieben)
	miteinander verrühren

2 Karottenmüsli

Zutaten:

3	mittelgroße Karotten
1	Orange
1 EL	Rosinen
1 TL	Honig und
3 EL	flüssige Sahne
	miteinander verrühren
	Dazu
2	Vollkornkekse

3 Fruchtsauermilch

Zutaten:

1 Becher	Sauermilch 3,5% Fett
1	mittelgroßer Apfel *oder*
	100 g Beeren
10 g	grob gehackte Nüsse
1 TL	Honig
	miteinander verrühren
	Dazu
2	Vollkornkekse

4 Pikanter Quark

Zutaten:

60 g	Quark 20% Fett i.Tr.
3 EL	Milch
	Meersalz
2 EL	frische Kräuter und
1 EL	Sonnenblumenkerne
	miteinander verrühren
	Dazu
2 Sch.	Knäckebrot und
1	kleines Glas Fruchtsaft
	oder Gemüsesaft

5 Belegtes Brot

(auch zum Mitnehmen)

Zutaten:

2 Sch.	Grahambrot
	wenig Butter
1	Salatblatt
1 Sch.	Käse oder magere Wurst,
	Radieschenscheiben
	Dazu
1	kleines Glas Fruchtsaft.

Für kleine kohlenhydratbetonte Zwischenmahlzeiten eignen sich natürlich auch:

- Trockenfrüchte, gemischt mit Nußkernen
- Müsliriegel (möglichst ohne Zucker), Nuß- und Fruchtschnitten
- kleingeschnittenes Obst mit Rosinen und Quark

mit ca. 525 kcal = 2100 kJ 80 g KH, 15 g E, 15 g F

1 Cornflakes mit Früchten

Zutaten:

150 g	Himbeeren oder anderes geschnittenes Obst
1 EL	Zitronensaft
1 EL	Honig
200 ml	Milch 3,5% Fett miteinander verrühren und mit
5—7 EL	Cornflakes bestreuen Dazu
2—3	Vollkorn-Kekse

2 Süßer Quarktoast

Zutaten:

2	Vollkorntoast getoastet mit Butter bestreichen, dazu
60 g	Quark 10% Fett i.Tr.
3 EL	Milch
1	zerdrückte Banane
1 EL	Honig und etwas Zimt miteinander verrühren und mit
10 g	gehackten Nüssen bestreuen Dazu
1 Glas	Fruchtsaft

Die kleinen Gerichte können mit Eiweißkonzentrat (je 2 Eßlöffel) angereichert werden und sind dann auch für Kraftsportler geeignet.

3 Gemüsecremesuppe mit Käseknäcke

Zutaten:

ca. 200 g	gedünstetes Gemüse (evtl. Reste) Gewürze, Meersalz und
3 EL	süße Sahne mit dem Pürierstab oder im Mixer zerkleinern, mit frischen Kräutern bestreuen Dazu
3 Sch.	Knäckebrot mit magerem Streichkäse und Radieschen oder Tomaten

4 Milchreis mit Zimt

Zutaten:

ca. 50 g	Rundkornreis (bevorzugt Vollkorn)
250 ml	Flüssigkeit ($\frac{1}{2}$ Milch, $\frac{1}{2}$ Wasser)
1 Prise	Meersalz Schale einer unbehandelten Zitrone
2 EL	Honig oder Ahornsirup Zimt
1 EL	gehackte Nüsse Dazu
1 Portion	Fruchtkompott

Zubereitung:

Naturreis in der Flüssigkeit mit Salz und Zitronenschale ca. 40 Minuten bei geringer Energiezufuhr kochen. Mit Honig oder Ahornsirup und Zimt abschmecken. Mit Nüssen bestreuen.

5 Kakaowaffeln mit saurer Sahne

Zutaten (für 2 Portionen):

2	Eier
20 g	zerlassene Butter
3–4 EL	Milch
2 EL	flüssiger Honig
75 g	Weizenvollkornmehl
1–2 EL	Kakaopulver
½ TL	Backpulver
	Fett für das Waffeleisen
50 g	saure Sahne 10% Fett
1 TL	Honig
50 g	Trockenaprikosen
	in wenig Wasser eingeweicht

Zubereitung:

Eier mit Butter, Milch und Honig verrühren. Mehl, Kakaopulver und Backpulver zugeben und ½ Stunde ausquellen lassen.

Bei mittlerer Hitze im Waffeleisen nacheinander die Waffeln backen.

Saure Sahne mit Honig verquirlen und mit den Aprikosen zu den Waffeln servieren.

Die vorgeschlagenen Beispiele für Zwischenmahlzeiten sind gut bekömmlich und leicht verdaulich. Sie enthalten ein ausgewogenes Gemisch unterschiedlich schnell verfügbarer Kohlenhydrate und können ca. 1–1½ Stunden vor einer Ausdauerleistung oder während längerer Pausen verzehrt werden.

Die kleinen Gerichte können mit Eiweißkonzentrat (je 2 Eßlöffel) angereichert werden und sind dann auch für Kraftsportler geeignet.

mit je ca. 870 kcal = 3480 kJ 130 g KH, 25 g E, 25 g F

1

Blattsalat
Vollkorn-Nudelauflauf
Tomatensauce
Obstsalat mit Dickmilch

Blattsalat

Zutaten:

ca. 100 g	Blattsalat
1 TL	kaltgepreßtes Pflanzenöl
	etwas Zitronensaft
	frische Kräuter
	Meersalz
	Pfeffer

Zubereitung:
Den Salat putzen, waschen und mit den übrigen Zutaten anmachen.

Vollkorn-Nudelauflauf

Zutaten:

100 g	Vollkorn-Nudeln in Salzwasser abkochen
1	Ei
½ Tasse	Milch
	Meersalz
	Muskat
20 g	geriebener Käse

Zubereitung:
Nudeln kochen. Ei mit Milch und den Gewürzen verquirlen. Die abgetropften Nudeln in ein gefettetes Auflauf-Förmchen geben, mit der Ei-Milch beträufeln und mit geriebenem Käse bestreuen.
Ca. 20 Minuten bei 220 Grad überbacken.

Tomatensauce

Zutaten:

5 g	Margarine
1	mittelgroße Zwiebel
ca. 200 g	Tomaten
2 EL	Tomatenmark
	Meersalz
	Pfeffer
	Kräuter der Provence

Zubereitung:
Fett erhitzen, die gewürfelte Zwiebel darin andünsten, Tomaten geviertelt zugeben, ebenfalls das Tomatenmark, und einige Minuten kochen lassen. Die Gewürze zugeben und im Mixer oder mit dem Pürierstab zerkleinern.

Obstsalat mit Dickmilch

Zutaten:

250 g	Obst
	Saft von einer Zitrone
10 g	Honig oder Ahornsirup
2 EL	Dickmilch 3,5% Fett

Zubereitung:
Das Obst waschen, kleinschneiden, mit Honig und Zitronensaft vermischen, mit Dickmilch servieren.

Die angegebenen Hauptmahlzeiten können ebenfalls mit je 2—3 Eßlöffel Eiweißkonzentrat angereichert werden und sind dann auch für Kraftsportler geeignet.

2

Möhrenrohkost
Sahnekartoffeln
Grünkernfrikadelle
Kohlrabigemüse mit Petersilie
Quark-Dessert

Möhrenkost

Zutaten:

ca. 150 g	Möhren
1 TL	kaltgepreßtes Pflanzenöl
	Saft von einer Zitrone oder Orange
	Meersalz

Zubereitung:
Die Möhren schälen, fein reiben und mit den übrigen Zutaten vermengen.

Sahnekartoffeln

Zutaten:

ca. 200 g	Kartoffeln
2 EL	Sahne
50 ml	Milch 3,5% Fett
	Muskat
	Meersalz
	frische Kräuter

Zubereitung:
Kartoffeln schälen, sehr fein schneiden und in eine feuerfeste Form einschichten. Sahne, Milch und die Gewürze verrühren, über die Kartoffeln verteilen. Bei 220 Grad ca. 25 Minuten im Backofen überbacken.

Grünkernfrikadelle

Zutaten:

ca. 40 g	Grünkern, geschrotet
120 ml	Gemüsebrühe aus Extrakt
½ Ei	oder 1 EL Creme fraiche
1—2 EL	Semmelbrösel
	Gewürze
	Kokosfett oder Pflanzenöl zum Braten

Zubereitung:
Den Grünkern in kochender Gemüsebrühe ca. 15 Minuten ausquellen lassen. Abkühlen lassen und mit den übrigen Zutaten vermischen. Kleine flache Bratlinge formen und im heißen Fett braten.

Kohlrabigemüse

Zutaten:

ca. 150 g	Kohlrabi
5 g	Butter
	Meersalz, Muskat
2 EL	gehackte Petersilie

Zubereitung:
Kohlrabi putzen, schälen und in dünne Scheiben schneiden. In Butter andünsten, wenig Wasser angießen und würzen. Ca. 15 Min. dünsten. Mit Petersilie bestreuen.

Quarkdessert

Zutaten:

80 g	Magerquark
½ Tasse	Fruchtsaft
100 g	Früchte
10 g	Honig

Zubereitung:
Alle Zutaten miteinander verrühren.

3

Endiviensalat
Omelett mit Spinatfüllung
Griespudding mit Trockenfrüchten

Endiviensalat

Zutaten:

ca. 100 g	Endiviensalat
1 TL	kaltgepreßtes Pflanzenöl
1 EL	Essig oder Zitronensaft
	Gewürze

Zubereitung:
Endiviensalat vorbereiten, schneiden und mit den übrigen Zutaten mischen.

Omelett mit Spinatfüllung

Zutaten:

2	Eier
½ Tasse	Milch
3 EL	Weizenvollkornmehl
	Meersalz
	Muskat
	Fett zum Braten
200 g	Spinat
1	mittelgroße Zwiebel
5 g	Pflanzenmargarine oder Butter
1 EL	saure Sahne 10% Fett
	Gewürze

Zubereitung:
Eier mit Milch, Vollkornmehl und den Gewürzen verrühren. In heißem Fett ein großes Omelett braten.

Zwischenzeitlich den Spinat putzen und mit der kleingehackten Zwiebel in heißem Fett andünsten. Ca. 10 Minuten garen, würzen und mit Sahne verrühren. Den Spinat auf die eine Omeletteseite geben und zusammenklappen.

Griespudding mit Trockenfrüchten

Zutaten:

30 g	Gries
150—200 ml	Milch 1,5% Fett
	Meersalz
	Schale einer
	unbehandelten Zitrone
1 EL	Honig oder Ahornsirup
80 g	Trockenfrüchte, in wenig
	Wasser eingeweicht

Zubereitung:
Gries in kochende Milch geben und mit Salz und Zitronenschale ca. 10—20 Minuten ausquellen lassen. Mit Honig abschmecken. Abkühlen lassen und mit Trockenfrüchten essen.

Die angegebenen Hauptmahlzeiten können mit je 2—3 Eßlöffel Eiweißkonzentrat angereichert werden und sind dann auch für Kraftsportler geeignet.

4 Für unterwegs

Gemüsesaft
Kartoffelsalat
kaltes Roastbeef
Obstsalat oder frisches Obst

Kartoffelsalat

Zutaten:

250 g	Kartoffeln gekocht
2	Tomaten
5	Radieschen
½	Gurke oder anderes Gemüse
	Schnittlauch
1 EL	kaltgepreßtes Pflanzenöl
1 EL	Essig
1 TL	Senf
	Gewürze

Zubereitung:
Pellkartoffeln und Gemüse kleinschneiden. Mit den anderen Zutaten vermengen.

Roastbeef

Zutaten:

4	dünne Scheiben Roastbeef
	(ca. 70 g)
2 TL	saure Sahne 10% Fett
1 TL	frische Kräuter
	wenig Meersalz

Obstsalat

Zutaten:

300 g	Obst
	Saft von ½ Zitrone
15 g	Honig

Zubereitung:
Obst vorbereiten und kleinschneiden. Mit den übrigen Zutaten vermischen.

Die angegebenen Hauptmahlzeiten können mit je 2—3 Eßlöffel Eiweißkonzentrat angereichert werden und sind dann auch für Kraftsportler geeignet.

5

Gemüsesuppe
Hirse-Auflauf mit Champignons
Tomatensauce
Blattsalat
Fruchtsauermilch

Gemüsesuppe

Zutaten:

100 g	gemischtes Gemüse
5 g	Pflanzenmargarine
200 ml	Gemüsebrühe evtl. aus Extrakt

Zubereitung:
Gemüse vorbereiten, kleinschneiden und in Fett andünsten. Mit Gemüsebrühe aufgießen und garen.

Hirse-Auflauf

Zutaten:

100 g	Hirse
5 g	Pflanzenmargarine
1	mittelgroße Zwiebel
150 g	Champignons
200 ml	Gemüsebrühe
	Gewürze
½ Tasse	Milch
½	Ei oder 1 EL Sojamehl
	Gewürze
10 g	geriebener Käse

Zubereitung:
Hirse kurz heiß waschen — wieder trocknen. In heißem Fett zusammen mit der kleingeschnittenen Zwiebel und den Champignons andünsten. Mit Gemüsebrühe auffüllen, würzen und ca. 25 Minuten garen. Zwischenzeitlich Milch, Ei oder Sojamehl und die Gewürze miteinander verquirlen und würzen. Die Hirse in eine ausgefettete Form geben, mit der Milch-Ei-Masse übergießen und mit Käse bestreuen. Bei 220 Grad ca. 20 Minuten überbacken.
Dazu evtl. eine *Tomatensoße* aus 200 g pürierten Tomaten.

Blattsalat

Zutaten:

ca. 50 g	Blattsalat
5 g	kaltgepreßtes Pflanzenöl
	Zitronensaft
	frische Kräuter
	etwas Meersalz

Zubereitung:
Salat putzen, waschen und mit der Salatsauce vermischen.

Fruchtsauermilch

Zutaten:

200 g	Sauermilch 1,5% Fett
200 g	Früchte
10 g	Honig

Zubereitung:
Alles miteinander vermischen.

Die angegebenen Hauptmahlzeiten können mit je 2—3 Eßlöffel Eiweißkonzentrat angereichert werden und sind dann auch für Kraftsportler geeignet.

FRÜHSTÜCKSVORSCHLÄGE (KRAFTSPORT)

mit ca. 1050 kcal = 4200 kJ 140 g KH, 52 g E, 35 g F

1 Müsli

Zutaten:

50 g	Getreideschrot
250 g	Sauermilch 3,5% Fett
100 g	Magerquark*
30 g	Rosinen
200 g	frisches Obst
	(der Jahreszeit entsprechend)
20 g	Honig
30 g	grob gehackte Nüsse
	oder Sonnenblumenkerne.
	Dazu Kaffee oder Tee mit Milch

Zubereitung:

Getreideschrot in wenig Sauermilch einige Stunden einweichen. Dann den Rest der Milch, den Quark, die Rosinen untermengen. Das Obst reiben oder schneiden und sofort unterrühren. Mit Honig abschmekken und mit den grob gehackten Nüssen bestreuen. Das Müsli kann auch mit Frischmilch und statt Schrot mit Getreideflocken oder gekeimtem Getreide zubereitet werden.

2 Porridge

Zutaten:

70 g	Vollkornflocken
300 ml	Vollmilch*
	Schale einer unbehandelten
	Zitrone
100 g	Trockenpflaumen
1 Prise	Meersalz
2 EL	Magerquark*
4 EL	kalte Sahne (ca. 60 ml). Dazu
2—3	Vollkornzwiebacke und Kaffee
	oder Tee mit
2 EL	Sahne

Zubereitung:

Flocken in die kalte Milch einrühren und zum Kochen bringen. Bei kleinster Energiezufuhr ca. 15—20 Minuten ausquellen lassen. Zitronenschale und die geschnittenen Trockenpflaumen und Salz nach 5 Minuten zugeben.

Den Quark unterrühren und in einen tiefen Teller geben. Mit kalter Sahne begießen.

* Vgl. Fußnote auf Seite 117

3 Mit Quark und Käse

Zutaten:

1 Glas	Orangensaft (ca. 250 ml) mit
1 EL	Instantflocken
3—4 Sch.	Vollkornbrot (ca. 120—150 g)
25 g	Butter oder
	ungehärtete Pflanzenmargarine
150 g	Magerquark*
30 g	Honig oder Konfitüre
1 Sch.	Schnittkäse (ca. 40 g)
1	Tomate.
	Dazu Kaffee oder Tee mit
2 EL	Sahne

4 Mit Spiegelei

Zutaten:

1 Glas	Gemüsesaft (ca. 200 ml) mit
	frischen Kräutern
3—4 Sch.	Vollkorntoast (ca. 100 g)
10 g	Butter oder
	ungehärtete Pflanzenmargarine
2	Spiegeleier
	in wenig Fett gebraten
125 g	Magerquark* mit
50 ml	Milch
1 EL	Honig und
1	geriebenem Apfel verrührt.
	Dazu
3	Vollkornkekse
	Kaffee und Tee mit Milch

5 Schnellmüsli

Zutaten:

5 EL	Fertigmüsli
1	mittelgroßer Apfel, geraspelt
1 Glas	Milch* (ca. 250 ml)
1 EL	Honig und
2 EL	Magerquark*
	miteinander verrühren.
1	Grahambrötchen
10 g	Butter
30 g	fettarme Wurst oder Käse
50 g	Magerquark mit
20 g	Honig oder Konfitüre.
	Dazu Kaffee oder Tee mit Milch
	oder
2 EL	Sahne

* Vgl. Fußnote auf Seite 117

mit ca. 425 kcal = 1700 kJ 55 g KH, 20 g E, 15 g F

1 Schnellmüsli

Zutaten:

4 EL	Fertigmüsli
250 ml	Milch* 3,5% Fett
1	mittelgroßer Apfel, geraspelt
2 EL	Magerquark
	miteinander verrühren

2 Weizenschrotmüsli mit Sonnenblumenkernen

Zutaten:

3 EL	grob geschroteter Weizen
1 Tasse	Buttermilch
80 g	Magerquark*
2–3 EL	Sahne
1 EL	Rosinen
1	mittelgroße Birne, Saft von
½	Zitrone
1 TL	Honig
1 EL	Sonnenblumenkerne

Zubereitung:
Weizenschrot in Buttermilch einige Stunden einweichen. Dann mit Quark verrühren. Evtl. noch etwas Sahne und die Rosinen zugeben. Die Birne hineinreiben, mit Zitronensaft und Honig abschmecken. Mit Sonnenblumenkernen bestreuen.

3 Fruchtsauermilch

Zutaten:

250 g	Sauermilch* 3,5% Fett
150 g	Beeren oder andere geschnittene Früchte
10 g	grob gehackte Nüsse
1 TL	Honig miteinander verrühren. Dazu
2	Vollkorn-Kekse

4 Pikanter Quark

Zutaten:

100 g	Magerquark*
½ Tasse	Milch 3,5% Fett
	Meersalz
1 TL	Hefeextrakt
2 EL	frische Kräuter
1 EL	Sonnenblumenkerne
	miteinander verrühren. Dazu
2 Sch.	Knäckebrot dünn mit Butter bestreichen und
1 Glas	Fruchtsaft

5 Belegtes Brot
(auch zum Mitnehmen)

Zutaten:

2 Sch.	Grahambrot
	Butter oder Margarine
2 Sch.	Käse oder magere Wurst*
	Radieschenscheiben. Dazu
200 ml	Buttermilch mit Heidelbeervollfrucht abgeschmeckt

* Vgl. Fußnote auf Seite 117

mit ca. 640 kcal = 2560 kJ 85 g KH, 30 g E, 22 g F

1 Pikanter Hüttenkäse

Zutaten:

200 g	körniger Frischkäse*
5 EL	Sahne
1 Prise	Meersalz
	frischer Dill
	Dazu
2 Sch.	Vollkornbrot mit
20 g	Butter bestrichen und
1	Tomate

Zubereitung:
Frischkäse, Sahne, Salz und Dill miteinander verrühren.

2 Süßer Quarktoast

Zutaten:

3 Sch.	Vollkorntoast getoastet mit
	Butter bestrichen
125 g	Magerquark*
½ Tasse	Milch
1	Banane zerdrückt
1 EL	Honig
	Zimt und Vanille
20 g	gehackte Nüsse*

Zubereitung:
Magerquark mit übrigen Zutaten verrühren und mit gehackten Nüssen bestreuen.

* Vgl. Fußnote auf Seite 117

3 Gemüsecremesuppe mit Käseknäcke

Zutaten:

ca. 250 g	gedünstetes Gemüse
	(evtl. Reste)
	Gewürze, Meersalz
5 EL	süße Sahne
	frische Kräuter
	Dazu
3 Sch.	Knäckebrot mit
50 g	Magerkäse* 10% Fett i.Tr.

Zubereitung:
Gemüse und übrige Zutaten mit dem Pürierstab oder im Mixer zerkleinern. Mit frischen Kräutern bestreuen.

4 Milchreis mit Zimt

Zutaten:

ca. 50 g	Rundkornreis
	(bevorzugt Vollkorn)
250 ml	Milch* 3,5% Fett
1 Prise	Meersalz
3 EL	Sahne
	Schale einer unbehandelten
	Zitrone
2 EL	Honig oder Ahornsirup
	Zimt
1 EL	gehackte Nüsse
	Dazu
1 Portion	Fruchtkompott

Zubereitung:
Naturreis in der Flüssigkeit mit Salz und Zitronenschale ca. 40 Minuten bei geringer Energiezufuhr kochen. Mit Sahne, Honig oder Ahornsirup und Zimt abschmecken. Mit Nüssen bestreuen.

5 Käse pikant angemacht

Zutaten:

100 g	Harzer Käse* (sehr mager)
1 EL	Pflanzenöl
1 TL	Essig
	Meersalz, Pfeffer, Kümmel
	je nach Bekömmlichkeit
1	mittelgroße Zwiebel
	Paprikapulver. Dazu
2 Sch.	Vollkornbrot mit Butter
	bestrichen und
1 Glas	Gemüsesaft

Zubereitung:
Käse würfeln und mit Öl und Essig beträufeln. Mit den übrigen Zutaten und den gewürfelten Zwiebeln bestreuen.

Weitere Beispiele für eiweißbetonte Zwischenmahlzeiten

- 100 g Magerquark mit 1 Eßlöffel eines ca. 80%igen Eiweißkonzentrates und Milch cremig rühren, dazu Obstkompott oder eingeweichte Trockenfrüchte reichen.
- 1 Glas Milch mit 2 Eßlöffeln eines ca. 80%igen Eiweißkonzentrates, 1 Eßlöffel Weizenkeime, Zucker und Nußnougatcreme mit einem Mixer oder Quirl verrühren.
- 150 g Magerquark mit 2 Eßlöffeln gesüßtem Sanddornkonzentrat verrühren und mit 1 Eßlöffel Weizenkeimen oder geraspelten Nüssen überstreuen.
- 150 g Magerquark mit 1 Teelöffel Hefeextrakt (Paste) und etwas Milch cremig rühren. Dazu gehackte frische Kräuter und Zwiebeln und mit etwas Pfeffer und Salz abschmecken. 2 Knäckebrote dazu essen.
- 200 ml Buttermilch mit 2 Eßlöffeln eines ca. 80%igen Eiweißkonzentrates, Zitronensaft und Honig verrühren.
- 200 ml Milch mit 2 Eßlöffeln eines ca. 80%igen Eiweißkonzentrates, löslichem Kaffee-Extraktpulver oder Kakaopulver vermengen und nach Bedarf süßen.

Diese Nachtischspeisen oder Zwischenmahlzeiten enthalten im Durchschnitt zwischen 25 g und 35 g Eiweiß.

* Vgl. Fußnote auf Seite 117

mit je 1050 kcal = 4200 kJ 140 g KH, 52 g E, 35 g F

1

Kefirdrink mit Kräutern
Sahnekartoffeln, Möhrengemüse
Tofuschnitten mit Sesam
Quarkdessert mit Früchten

Kefirdrink

Zutaten:

150 ml	Kefir*
	Meersalz, Pfeffer
1 EL	gehackte Kräuter
1 TL	Zitronensaft

Zubereitung:
Alle Zutaten miteinander vermischen.

Sahnekartoffeln

Zutaten:

ca. 250 g	Kartoffeln
2–3 EL	Sahne
50 ml	Milch 3,5% Fett
	Muskat, Meersalz
	frische Kräuter

Zubereitung:
Kartoffeln schälen, sehr fein schneiden und in eine gefettete Form einschichten. Sahne, Milch und die Gewürze verrühren, über den Kartoffeln verteilen. Bei 220 Grad ca. 25 Minuten im Backofen überbacken.

Möhrengemüse

Zutaten:

ca. 200 g	Möhren
5 g	Butter
	Meersalz
2 EL	gehackte Petersilie

Zubereitung:
Möhren schälen und in dünne Scheiben schneiden. In Butter andünsten, mit wenig Wasser angießen und würzen. Ca. 10 Minuten dünsten. Mit Petersilie bestreuen.

Tofuschnitten mit Sesam paniert

Zutaten:

125 g	Tofu
	Pfeffer, Meersalz
2 EL	Sojasauce
1 EL	Sesam
	Kokosfett oder Pflanzenöl
	zum Braten

Zubereitung:
Tofu in ca. 1 cm dicke Scheiben schneiden, würzen, mit Sojasauce beträufeln und ca. 1 Stunde einziehen lassen. In Sesam wenden und in heißem Fett goldgelb braten.

Quarkdessert mit Früchten

Zutaten:

120 g	Magerquark*
½ Tasse	Milch
150 g	Früchte
10 g	Honig

Zubereitung:
Alle Zutaten miteinander verrühren.

* Falls die Mengen der eiweißhaltigen Lebensmittel (mit * gekennzeichnet) zu groß sind, können diese um ca. 30% verringert werden und vom Kraftsportler durch 1–2 Eßlöffel Eiweißkonzentrat ersetzt werden.
Für den Ausdauersportler wären die im Eiweißgehalt so verringerten Mahlzeiten dann ebenso geeignet.

2

Gemüsesuppe
Heilbuttschnitte gedünstet
mit zerlaufener Butter
Naturreis
Feldsalat
Obstsalat

Gemüsesuppe

Zutaten:

150 g	frisches Gemüse
10 g	Pflanzenfett
250 ml	Gemüsebrühe

Zubereitung:
Gemüse vorbereiten, kleinschneiden und im Fett andünsten, mit Gemüsebrühe aufgießen und garen.

Heilbuttschnitte

Zutaten:

300 g	Heilbutt*
	Saft von einer Zitrone
	Gewürze
	wenig Flüssigkeit

Zubereitung:
Heilbutt säubern, mit Zitronensaft beträufeln, würzen und in wenig Flüssigkeit garen.

Buttersauce

Zubereitung:
20 g Butter zerlaufen lassen.

Naturreis

Zutaten:

100 g	Naturreis
1	mittelgroße Zwiebel
5 g	Pflanzenmargarine
200 ml	Gemüsebrühe
	Gewürze

Zubereitung:
Reis und kleingeschnittene Zwiebel in heißem Fett andünsten. Mit Gemüsebrühe angießen und würzen. Aufkochen lassen und bei geringer Energiezufuhr ca. 35—40 Minuten garen.

Feldsalat

Zutaten:

ca. 100 g	Feldsalat
1 TL	kaltgepreßtes Pflanzenöl
1 TL	Essig
	Gewürze

Zubereitung:
Feldsalat vorbereiten, waschen und mit den übrigen Zutaten mischen.

Obstsalat

Zutaten:

250 g	Obst
10 g	Honig
	Saft von einer Zitrone

Zubereitung:
Obst kleinschneiden und mit den übrigen Zutaten mischen.

* Vgl. Fußnote auf Seite 117

Heilbuttschnitte mit Naturreis
(Rezept nebenstehend)

3

Blattsalat
Vollkorn-Nudelauflauf mit Rindfleisch
Tomatensauce
Obstsalat mit Sauermilchsauce

Blattsalat

Zutaten:

ca. 100 g	Blattsalat
1 TL	kaltgepreßtes Pflanzenöl
	Zitronensaft, frische Kräuter
	Meersalz, Pfeffer

Zubereitung:
Den Salat putzen, waschen und mit den übrigen Zutaten anmachen.

Vollkorn-Nudelauflauf mit Rindfleisch

Zutaten:

120 g	Vollkornnudeln
120 g	mageres Rinderhack*
5 g	Fett
1	mittelgroße Zwiebel
½ Tasse	Milch
½	Ei oder 1 EL Sojamehl
	Meersalz, Muskat
20 g	geriebener Käse

Zubereitung:
Nudeln kochen. Rinderhack mit kleingeschnittener Zwiebel in heißem Fett anbraten. Wenig Flüssigkeit zugießen und ca. 10 Minuten schmoren lassen. Milch mit Ei oder Sojamehl verquirlen und würzen. Die abgetropften Nudeln in eine gefettete Form geben, mit dem Fleisch vermischen und mit der Milch-Ei-Masse begießen. Mit Käse bestreuen und ca. 25 Minuten bei 220 Grad überbacken.

* Vgl. Fußnote auf Seite 117

Tomatensauce

Zutaten:

5 g	Margarine
1	mittelgroße Zwiebel
ca. 200 g	Tomaten
2 EL	Tomatenmark
2 EL	süße Sahne
	Meersalz, Pfeffer
	Kräuter der Provence

Zubereitung:
Fett erhitzen, die gewürfelten Zwiebeln darin andünsten. Tomaten geviertelt zugeben, ebenfalls das Tomatenmark, und einige Minuten kochen lassen. Die kalte Sahne und die Gewürze zugeben und im Mixer oder mit dem Pürierstab zerkleinern.

Obstsalat mit Sauermilchsauce

Zutaten:

250 g	Obst
	Saft von 1 Zitrone
20 g	Honig
10 g	grob gehackte Nüsse
150 g	Sauermilch* 1,5% Fett
	Vanille

Zubereitung:
Das Obst waschen, kleinschneiden, mit 10 g Honig und Zitronensaft vermischen.
Sauermilch mit dem restlichen Honig und Vanille vermischen, über dem Obst verteilen und mit Nüssen bestreuen.

4

Endiviensalat
Omelett mit Spinatfüllung
Dickmilch mit Trockenfrüchten

Endiviensalat

Zutaten:

ca. 100 g	Endiviensalat
1 TL	kaltgepreßtes Pflanzenöl
1 EL	Essig oder Zitronensaft
	Gewürze

Zubereitung:
Endiviensalat vorbereiten, schneiden und mit den übrigen Zutaten mischen.

Omelett mit Spinatfüllung

Zutaten:

3	Eier*
1 Tasse	Milch
3–4 EL	Sojamehl*
	Meersalz
	Muskat
	Fett zum Braten
250 g	Spinat
1	mittelgroße Zwiebel
5 g	Pflanzenmargarine
2 EL	Creme fraiche
	Gewürze

Zubereitung:
Eier mit Milch, Sojamehl und Gewürzen verrühren. In heißem Fett ein großes Omelett braten. Zwischenzeitlich den Spinat putzen und mit der kleingehackten Zwiebel in heißem Fett andünsten. Ca. 10 Minuten garen, würzen und mit Creme fraiche verrühren. Den Spinat auf die eine Omelette-Seite geben und zusammenklappen.

Dickmilch mit Trockenfrüchten

Zutaten:

250 g	Dickmilch*
100 g	in wenig Flüssigkeit eingeweichtes Trockenobst
20 g	Nüsse

Zubereitung:
Die Trockenfrüchte kleinschneiden, mit der Dickmilch mischen und mit Nüssen bestreuen.

* Vgl. Fußnote auf Seite 117

5

Gemüsesaft-Quark-Cocktail
Vollkornnudelsalat
kaltes Roastbeef
Bananen-Honig-Dessert

Gemüsesaft-Quark-Cocktail

Zutaten:

250 ml	Gemüsesaft
50 g	Magerquark
1 EL	frische Kräuter

Zubereitung:
Die Zutaten miteinander verrühren.

Vollkornnudelsalat

Zutaten:

120 g	Vollkornnudeln
3	Tomaten
5	Radieschen
½	Paprikaschote
	Schnittlauch
1–2 EL	Weinessig
1 TL	Senf
	Meersalz, Pfeffer
1 EL	kaltgepreßtes Pflanzenöl
2 EL	saure Sahnc (10%)

Zubereitung:
Vollkornnudeln kochen, abtropfen und abkühlen lassen. Gemüse und Schnittlauch kleinschneiden. Die übrigen Zutaten zu einer Sauce verrühren und alles vermischen.

Roastbeef

Zutaten:

6–7	dünne Scheiben Roastbeef*
	ca. 120 g
3 EL	Creme fraiche
1 TL	frische Kräuter

Bananen-Honig-Dessert

Zutaten:

1	kleine Banane
	Saft von ½ Zitrone
½ Tasse	Milch
1 TL	Honig
80 g	Magerquark
1 TL	Sonnenblumenkerne

Zubereitung:
Die Banane zerdrücken, mit Zitronensaft beträufeln. Mit den übrigen Zutaten verrühren und mit Sonnenblumenkernen bestreuen.

* Vgl. Fußnote auf Seite 117

(FÜR JE 1 PERSON)

Kleine Flüssigmahlzeiten ca. 1 Stunde vor dem Training bzw. Wettkampf oder nach erschöpfendem Einsatz zur Einleitung der Regeneration oder einfach zum puren Genießen!

Rote-Bete-Apfelcocktail

Zutaten:

150 ml	Rote-Bete-Saft
150 ml	Apfelsaft oder 1 mittelgroßer Apfel, fein püriert
1 Messersp.	geriebener Meerrettich
1 TL	Apfelsaft-Konzentrat
3 EL	Sahne

Zubereitung:
Rote-Bete-Saft und Apfelsaft oder pürierten Apfel miteinander vermischen. Mit Meerrettich, Apfelsaft-Konzentrat und Sahne abschmecken.

Bananen-Shake

Zutaten:

1	kleine oder ½ Banane
4 EL	flüssige Sahne
200 ml	Apfelsaft
1 EL	grobgehackte Haselnüsse

Zubereitung:
Die Zutaten miteinander pürieren, gut kühlen und mit gehackten Nüssen bestreuen.

Mokka-Mandel-Cocktail

Zutaten:

1 EL	Mandelmus
100 ml	starker Kaffee, lauwarm
50 ml	flüssige Sahne
100 ml	Milch
2 EL	Ahornsirup

Zubereitung:
Mandelmus mit lauwarmem Kaffee verrühren, mit Sahne und Milch aufgießen, mit Ahornsirup abschmecken. Gut kühlen.

Birnen-Apfel-Drink

Zutaten:

150 ml	Birnensaft
150 ml	Apfelsaft
2 EL	Quark
	etwas Zimt
1 EL	Birnensaft-Konzentrat
	Eiswürfel

Zubereitung:
Alle Zutaten miteinander vermischen, zum Schluß die Eiswürfel hineingeben.

Milch-Mango-Shake

Zutaten:

200 ml	Milch
50 ml	Mango-Vollfrucht
50 ml	Orangensaft
1 EL	Apfelsaft-Konzentrat
2	Minzblätter

Zubereitung:
Alle Zutaten miteinander verrühren, kühlen, mit Minzblättern garnieren.

Möhren-Nuß-Cocktail

Zutaten:

150 ml	Möhrensaft
100 ml	Aprikosen-Nektar
1 Schuß	Mineralwasser ohne Kohlensäure
5 EL	Sahne
	Saft von ½ Limone
	Nelkenpulver
1 EL	grobgehackte Haselnüsse

Zubereitung:
Möhrensaft, Aprikosensaft und Mineralwasser miteinander mischen. Limonensaft und Sahne zugeben, mit etwas Nelkenpulver würzen und mit gehackten Nüssen bestreuen.

Melonendrink

Zutaten:

½	Honigmelone
	Saft von 1 Zitrone
	etwas Mineralwasser
1 TL	Honig

Zubereitung:
Honigmelone schälen, 1 Eßlöffel davon in sehr kleine Würfel schneiden, den Rest pürieren. Mit Zitronensaft und Mineralwasser aufgießen und mit Honig abschmecken. Gut kühlen, in eine Cocktailschale füllen und mit den Melonenstückchen garnieren.

Ingwer-Orangen-Drink

Zutaten:

200 ml	Orangensaft
100 ml	Mineralwasser mit Kohlensäure
	Saft von ½ Limone
1 EL	Honig
1 Prise	Ingwer
2–3	kandierte Ingwerstückchen

Zubereitung:
Orangensaft, Mineralwasser, Limonensaft, Honig und Ingwer vermischen, mit ganz feingeschnittenen Ingwerstückchen bestreuen. Kühl servieren.

Johannisbeer-Trauben-Drink

Zutaten:

150 ml	Johannisbeersaft
150 ml	Traubensaft
	etwas Mineralwasser
1 TL	Birnensaft-Konzentrat
1 EL	entstielte Johannisbeeren

Zubereitung:
Johannisbeersaft, Traubensaft, Mineralwasser und Birnensaft-Konzentrat miteinander vermischen, gut kühlen und mit ganzen Johannisbeeren servieren.

Aprikosen-Kokos-Cocktail

Zutaten:

150 ml	Aprikosensaft
150 ml	Mineralwasser mit Kohlensäure
1 EL	Honig
	etwas Vanille
1 EL	Kokosraspeln

Zubereitung:
Aprikosensaft, Mineralwasser und Honig miteinander vermischen, mit Vanille abschmecken, gut kühlen und mit Kokosraspeln bestreuen.

Kiwi-Drink

Zutaten:

100 ml	Birnensaft
100 ml	Orangensaft
1 EL	Quark
1	ganze geschälte Kiwi
1 TL	Birnensaft-Konzentrat

Zubereitung:
Alle Zutaten mit 4 zerstoßenen Eiswürfeln in den Mixer geben und einige Sekunden auf niedriger Stufe laufen lassen. Dann in Gläser füllen und mit 1 Kiwischeibe garnieren.

Die Drinks können alle mit 1—2 Eßlöffel Eiweißkonzentrat angereichert werden, um dann als eiweißreiche Zwischenmahlzeit von Kraftsportlern ca. 1—1½ Stunden vor dem Krafttraining getrunken zu werden.

Als ‚Pausenschluck' bieten sich an:

Säfte:
Frisch ausgepreßter Orangensaft mit Mineralwasser verdünnt,
Apfelsaft mit Mineralwasser,
Kirschsaft mit Mineralwasser,
Johannisbeersaft mit Mineralwasser.
Mengenverhältnis ca. 1 : 1.
Tip: Wer zu Sodbrennen neigt, füge dem Fruchtsaft einen Löffel Schmelzflocken hinzu, das nimmt ihm die Säure.

Mineralwasser:
Mineralwasser mit etwas Zitronensaft oder Obstessig, mit Honig gesüßt (maximal 50 g, dies entspricht 3 Eßlöffeln pro Liter).

Tee:
Es eignen sich alle *Kräutertees* ohne Heilwirkung und *Früchtetees.*
Pro Liter Tee können zugefügt werden:
Saft von 3 Zitronen,
3 Eßlöffel Honig,
1 Messerspitze Salz (bei starken Schweißverlusten) oder Elektrolytpulver (Dosierungsanleitung auf der Packung beachten).

Fertigprodukte:
Oligosaccharidhaltige Elektrolyt-Getränke.
Tip: Sind diese gegebenenfalls zu süß, kann man sie mit Tee oder Wasser verdünnen.

NICHT GEEIGNET:

- Milchgetränke (dies gilt vorrangig für den Ballsport),
- Leitungswasser, Schneewasser,
- Limonaden,
- Alkoholische Getränke.

GETRÄNKE-BEREITSTELLUNG:

Hinweis für Vereine, die Getränke bereitstellen:
Wir halten es für ratsam, in der Pause mindestens zwei oder drei Getränke zur Auswahl anzubieten; zum einen wegen der unterschiedlichen Geschmacksvorstellung der einzelnen Sportler, zum anderen wegen der individuellen Verträglichkeit.
Die beiden genannten Argumente können mitunter der Grund dafür sein, daß Sportler eine Flüssigkeitszufuhr ablehnen!

LITERATURHINWEISE

1. Auswertungs- und Informationsdienst für Ernährung, Landwirtschaft und Forsten e.V. Bonn (Hrsg.): AID, Verbraucherdienst informiert, Postfach 20 07 08, 5300 Bonn 2
   Broschüren: Fisch; Fleisch und Fleischerzeugnisse; Milch; Speisefette; Eier; Brot; Nährmittel; Speisekrtoffeln; Obst; Gemüse; Frischgemüse exotisch; Hülsenfrüchte; Kaffee, Tee und Kakao; Wer's weiß — kauft besser ein; Kennwort Lebensmittel; Fit auf Fahrt; Richtig garen
   Faltblätter: Milch; Brot und Mehl; Wurst; Wildfrüchte; Nährwert erhalten durch richtige Zubereitung
2. Biener, K. W.; Schudel, H.; Albonico, G.: Sport und Ernährung, Derendingen 1976
3. Böhmer, D.: Sportler. Der Magnesium-Bedarf ist oft erhöht. In: Ärztliche Praxis (1986) 25: 794—795
4. Cremer, H.-D. u. Mitarbeiter: Die große GU Nährwert-Tabelle, München 1986/87
5. Deutsche Gesellschaft für Ernährung (Hrsg.): Ernährungsberichte 1980 und 1984, Frankfurt
6. Deutsche Gesellschaft für Ernährung (Hrsg.): Empfehlungen für die Nährstoffzufuhr, 4. Auflage, Frankfurt 1985
7. Documenta Geigy: Wissenschaftliche Tabellen, Teilband Körperflüssigkeiten, Basel 1977[8]
8. Donath, R.; Schüler, K.-P.: Ernährung der Sportler, Berlin 1985
9. Elmadfa, I.: Die große Vitamin- und Mineralstoff-Tabelle, München 1984
10. Findeisen, D.; Linke, P. G.; Pilkenhain, L.: Grundlagen der Sportmedizin, Leipzig 1976
11. Fröleke, H.; Nilles, M.: Untersuchungen zum Ernährungswissen und Ernährungsverhalten von Fußball- und Handballspielern. In: Deutsche Zeitschrift für Sportmedizin 8, 1979, 277 ff.
12. Haas, R.: Eat to succeed. Rawson Associates, New York 1986
13. Hamm, M.; Nilles, M.: Richtig essen hilft gewinnen, Weil der Stadt o. J. (Auflage vergriffen)
14. Hamm, M.: Sport und Ernährung. In: Starischka, St.; Gschwender, B.; Hellig, W. (Hrsg.): Aspekte von Lehre und Forschung. Dortmunder Schriften Sport, Band 1, Erlensee 1985
15. Hamm, M.; Nilles, M.: Schwitzen und Trinken. In: Herz, Sport und Gesundheit 2 (1985) 3, 15—17
16. Hamm, M.; Nilles, M.: Gemeinschaftsverpflegung — Beitrag zu einer gesunden Ernährung? In: Herz, Sport und Gesundheit 3 (1986) 2, 28—31
17. Hamm, M.; Nilles, M.: Eiweißquelle — Hausmannskost? In: Herz, Sport und Gesundheit 3 (1986) 3, 20—22
18. Hamm, M.; Nilles, M.: Vollwertnahrung — ein Garant für gute Nährstoffdepots. In: Skilanglauf — Triathlon Nr. 5, 1986, 32—34
19. Hamm, M.; Nilles, M.: Sportgerecht ernährt — verschiedene Beiträge. In: Skilanglauf — Triathlon 1986 und 1987
20. Hamm, M.: Vegetarische Ernährung. In: Herz, Sport und Gesundheit 4 (1987) 3, 38—40
21. Hamm, M.; Nilles, M.: Mineralwasser — bei den Durstlöschern ganz vorn. In: Herz, Sport und Gesundheit 4 (1987) 4, 56—57
22. Hamm, M.; Warning, H.: Wie essen und trinken im Breiten- und Leistungssport? Bad Homburg o. J. (Broschüre nur im neuform-Reformhaus erhältlich)
23. Hamm, M.: Vollwert-Ernährung ist auch Fitneßernährung. In: Skilanglauf — Triathlon Nr. 7, 1987, 64—65
24. Hamm, M.: Gesunde Ernährung = Vollwert-Ernährung. In: Verbraucher-Rundschau 9, Arbeitsgemeinschaft der Verbraucherverbände e.V., Bonn 1987, 1—14
25. Haralambi, G.: Einführung in die Sportbiochemie, Berlin, Freiburg 1982
26. Hollmann, W.; Rost, R.; Liesen, H.; Mader, A.: Physiologisch-internistische Aspekte zum Fußballsport. In: Deutsche Zeitschrift für Sportmedizin, Heft 1, 1978
27. Ketz, H.-A.: Ernährung und Leistung. In: Ernährungsforschung 21, 1976, 100 ff.
28. Keul, J.; Kindermann, W.: Sport und Ernährung, Media-Report 5/6, 1979
29. Keul, J.; Hollmann, W.; Bässler, K. H.; Kindermann, W.; Berg, A.; Weicker, H.; Howald, H.; Nöcker, J.; de Wijn, J. F.; Schürch, P.: Leistungsförderung durch gezielte Ernährung, 29. Colloquium, Bundesverband der diätetischen Lebensmittelindustrie, 1979
30. Keul, J.; Berg, A.; Lehmann, M.; Schmid, P.; Zöllner, G.: Zur Wirkung von Saccharose und Fructose auf das Leistungsverhalten und die energieliefernden Substrate im Blut bei Körperarbeit. In: Aktuelle Ernährungsmedizin 8, 1983, 71—76
31. Koerber, v. K. W.; Männle, Th.; Leitzmann, C.: Vollwert-Ernährung, Heidelberg 1986[5]
32. Konopka, P.: Sporternährung, München 1986
33. Kraut, H. (Hrsg.): Der Nahrungsbedarf des Menschen, 1. Band, Darmstadt 1981
34. Kübler, W.: Nährstoffdichte — Grundlagen und Anwendung in der Ernährungspraxis. In: AID-Verbraucherdienst 31, 1986, Heft 3
35. Kühnau, J.; Ganßmann, W.: Hafer, Frankfurt 1977[2]

36. Laube, H.: Kohlenhydrate in der Ernährung, München—Berlin—Wien 1976
37. Lautenschläger, F.; Hamm, M.; Lagerstrøm, D.: Wellness — Die neue Fitneß, München 1987
38. Nilles, M.: Zur Frage handballgerechter Ernährung. In: Lehre und Praxis des Handballspiels Nr. 2 — Nr. 5, 1980
39. Nöcker, J.: Die Ernährung des Sportlers, Schorndorf, 1978[2]
40. Rost, R.; Hamm, M.; Nilles, M.: Sportmedizinische und ernährungswissenschaftliche Aspekte: Band 24 der Beiträge zur Trainings- und Wettkampfentwicklung im Hallenhandball (Müller, H. J., Hrsg.), Mandelbachtal 1984
41. Souci, Fachmann, Kraut: Die Zusammensetzung der Lebensmittel, Nährwert-Tabelle, Stuttgart 1986/87
42. Wirths, W.: Thiamin. In: Ernährungs-Umschau 24, 1977, 399 ff.
43. Wirths, W.: Kleine Nährwert-Tabelle (DGE), Frankfurt 1987
44. Wirths, W.: Ernährung und Leistungssport. In: Deutsche Zeitschrift für Sportmedizin, 1980, Heft 2, 68 ff.
45. Zaccharias, R.; Dürr, H.: Lebensmittelverarbeitung im Haushalt (Hrsg.: Deutsche Gesellschaft für Hauswirtschaft e.V.), Stuttgart 1984[4]